慶元縣志輯

第十一册

【光緒】慶元縣志 三

《慶元縣志輯》編委會 編纂

浙江工商大學出版社
ZHEJIANG GONGSHANG UNIVERSITY PRESS
·杭州·

第十一册　分目録

【光緒】慶元縣志　三

慶元縣志卷之十一

知慶元縣事林步瀛史恩緯重修

雜事志

祥異　仙釋　寺觀　庵堂　叢記

八政九功前卷分識其大矣然春秋有災必書洪範休咎並列史家亦不廢災祥之說至若方外浮屠雖爲君子所擯而琳宫梵宇相沿已久不忍遽湮故與畸人奇蹟事堪考鑒者並附於末志雜事

祥異

邑志災異猶史書五行和氣致祥乖氣致異天人相應之機有較然不可誣者人能恐懼脩省以囘天變則大爲國徵小爲家兆悉可轉禍爲福悔無咎矣

明

永樂十四年秋七月大水

成化三年夏六月地震　秋八月大雨雹

嘉靖九年夏六月大霜殺禾

三十年丙辰白馬精見

精自政和來氣如硫黄中者卽昏仆婦人尤甚闔
邑驚惶達旦後迎五顯神驅之旬日乃滅
萬歷二年甲戌地大震官舍民居傾頹
三年乙亥大饑
是歲五月民間絶粒野多餓死知縣沈維龍發倉
賑之民困始甦
冬十月八都雄鷄變雌
十六年戊子夏四月朔大水
衝壞北城七十三丈民居漂沒人多溺死

國朝

順治五年戊子九月天晝晦不辨行人

冬十二月羣虎食人

六年己丑大饑

十二年乙未大饑

民多餓死知縣石鞏坦先賑粥五日邑中樂施者

輪日煑粥於塔院

十七年庚子夏五月颶風發北壇樹木盡拔

十八年辛丑夏五月大水

冬十一月虎食人署縣事同知田嘉脩禳之去

康熙五年丙午秋九月地震

九年庚戌羣虎食人知縣程維伊禱於城隍廟虎遂遁跡

十年辛亥夏五月大旱青虫食苗知縣程維伊詳請蠲免事見蠲䘏

二十五年丙寅夏四月朔大水衝塌西城數十丈

三十四年乙亥冬地震

三十六年丁丑饑

四十八年己丑夏五月大水

五十九年庚子夏五月大水

雍正二年甲辰夏五月大水

十年壬子夏六月禾生黑蠅

乾隆元年丙辰秋七月大水

三年戊午秋七月大旱青虫食苗

七年壬戌虎食人知縣鄒儒命射戶捕殺患始息

十三年戊辰夏四月大水

十八年癸酉大饑

十九年甲戌夏四月地震

二十一年丙子夏四月大水

二十五年庚辰夏五月大水

二十六年辛巳冬十一月羣虎食人署典史陳子隹

募強弩射之獲虎三

二十九年甲申春二月大氷雹

三十二年丁亥夏五月大水西隅民屋沉溺

三十五年庚寅春正月丁酉彗星見戊戌火

延燒治前數十餘家狀元尙書兩坊並燬

三月大水

三十八年癸巳夏五月大水白馬山崩

三十九年甲午冬雄鷄自斷其尾

四十五年庚子春三月大水　冬十一月大水

四十八年癸卯秋七月戊戌彗星見庚子火

延燒治前百餘家

四十九年甲辰大饑

夏五月大水西隅民屋沉溺

五十三年戊申夏四月大水

金溪水從西城衝入轉北城衝出壞西城七十餘丈北城二十丈淹塌西北隅民居溺死者數人

六十年乙卯夏四月蓋竹山崩

坍没普化寺於隔溪山下死者四人

嘉慶四年庚申羣虎食人

六年辛酉羣虎復食人　夏六月青虫食苗

十二年丁卯夏六月大水雹　冬十月天鼓鳴

十三年戊辰夏五月大水　秋七月復大水城內

西北水深丈餘　九月地震

十四年己巳大饑

十九年甲戌冬十一月彗星見

二十二年丁丑饑

二十四年己卯虎入城

道光元年辛巳羣虎食人

二年壬午羣虎復聚知縣樂韶疏告城隍虎跡遂遁

十三年癸巳大饑發廪賑給　秋虫食苗

十四年甲午大饑發廪賑給死者甚衆

十五年乙未夏大旱

十八年戊戌夏大水

廿四年甲辰夏大水

廿八年戊申夏大水

咸豐二年壬子夏大水

三年癸丑秋大旱歲荒

十年庚申夏大旱

十一年辛酉四月大水　秋七月大水

同治元年壬戌七月大水

六年丁卯二月大雨雹傷麥　虎入城

七年戊辰五月大水　秋旱歲荒

八年己巳十二月大雪

十三年甲戌三月大水　地震

光緒元年乙亥正月大雨雹

二年丙子五月大水漂没田廬

秋青虫食苗歲饑　東南鄉竹生米

仙釋

仙釋道空老君術幻其爲虛無寂滅一也惟是

流傳已久事非無稽槪以斥之恐滋駭俗姑存之以備覽

五季

馬氏三女仙五季時華亭人也至德中父携母盧氏男一女三避亂盧氏有弟從焉次温州父死於羅洋郎瘞於其山服闋過青田縣十三都七里渡次女墮河水迸莫能救去之尼庵駐足一夕母夢次女曰母居此脩出世法無庸也括有山曰百丈盍往結茆錬性但患饞志不堅耳毋覺念次女已死

夢語可信遂同二女問道至百丈山見山多奇勝歎異之遂誅茅結室爲脩煉地居無幾忽次女從空下母驚愕曰若墮河死矣何復活至此女曰兒溺水至七里口援楊枝抵岸得活覓食鸕鷀村有盧翁慰兒曰若尚少無患失母姊盍留我家俟年長爲吾兒婦得所矣兒勤紡績敬事而已庚申歲饑出趂紡晡回途遇老翁授兒丸藥服之覺身輕及渡翁以雨蓋置水上爲航載兒會有貨花藥姓者詫爲異呼曰翁渡我不忘恩德遂同載亦得傳

仙術次年七夕兒於屋後牛頭嶺白日翀舉母聞之喜甚女以丹實著甌奉母母未飲俄有雀遺矢中之女歎曰母無成道緣矣會歲旱三女囑盧舅下山叅邑令預刻日時能致滂沱雨邑令詣山謝之及母死瘞於山之西澗四面水繞老松倒垂如幕有松溪邑令入山見三女色欲强娶之女詒曰汝能一晝夜從縣砌路達此山卽從汝令趲工砌之女見其路成遂白日飛昇去今巖上有剪刀鏡臺履跡石痕

吳土主名十七郎五代時仕周爲諫議大夫得異傳幻術徙居松溪遂應場既没鄉人立祠禱求多應至正間有賊犯境鄉人禱神光吉率衆拒之賊見兩山兵幟甚衆披靡大敗斬獲甚衆今遂應場吳姓卽其後也詳見叢志

宋

黃十公下營黃坳人宋時樵於仙桃山見二叟對奕取其餘桃啖之不知饑渴叟語曰此後毋食烟火物及歸已春秋三度矣始知所遇者僊也憾未

叩還丹訣復往奕處但鳥啼花落而已呼之輒應聲在百花巖上遂窮其巔結廬居焉幾二十餘年一日見馬仙面壁而坐公跪竟日仙鑒其誠授以罡訣後坐化石上至今石上有鈴刀痕跡歲旱禱之輒應

梵公二都人宋時充縣隷因令尙酷刑公以慈貯血私繫杖上救活甚衆一日令見公步離地尺餘問其故乃以實對大異之遂至松溪白鶴山修煉功成頭冠石臼回至三都烏嶠山飛昇去至今鄉人

禱應如響

明

葉有賜西隅人精巫咸術時西關鼻橋下有鬼洞白日爲祟鄉人每逢薄暮不敢行賜以法驅之祟遂滅遠近病者踵門求符立見神效尸解

翁正五翁山村人學閭山術邑有病魔者索符驅之輒愈初村多死雀稻初熟雀爭饗之甚狼籍村農患之謀諸翁翁曰吾當令之去已而果然今其村獨無死雀相傳爲正五所驅云

國朝

達一字廣貫温郡人初掛錫於萬壽庵能修道行出衣鉢以整庵宇後住持慈照改造正殿築墻垣乾隆庚辰倡建角門橋貲以千計貫舉所入租石除修齋外盡輸爲王匠口食如是者數年一日沐浴整衣端坐而化邑人肖其像於橋左

元璧俗姓無考温州人善詩文捨家披剃來葛田梵安古刹村人難之曰此寺之荒廢久矣師將何爲荅曰吾豈圖便常住持者耶遂以原址重爲募建

未幾而寺復興門下披度者甚衆

寺觀庵堂

同爲釋老所棲而洞天福地名號不一如祠子提招羽士丹室咸多勝槩海市蜃樓並資嘯咏因名考實似不可廢

寺

石龍寺石龍山下唐乾符間邑人吳馬劉捨址建宋寶祐元年邑人吳濟造經藏一輪今廢明天順元年有火者盜銅板投寺造鈔發覺即自盡求之弗得因罪及有詔抄沒使者一夜夢神人指以火者屍處及獲免改名神力嘉靖三十七年邑人吳安慶募修易名塔院教諭吳瑞有記順治十七

年重脩乾隆三十四年咸豐四年吳
僧普靜募脩詩見藝文永清重修

天銘寺 縣東象山下建自蕭梁元至元間僧至善重建詩見藝文今廢

普化寺 二都蓋竹宋天聖二年建詩見藝文乾隆六十年被水坍没今廢

南山寺 二都蛤湖

廻龍寺 二都官塘道光七年重建

廣福寺 五都金村唐乾符元年建明嘉靖十八年洪水漂没僧元保於横硤搆小刹居之

慈照寺 五都魏溪唐乾符二年僧覺正募建明正德二年僧惠袍重修乾隆甲申年僧廣灝重修

薦福寺 六都宋乾德二年建今廢

莊嚴寺 六都蔡段唐中和二年建宋大觀三年僧子端造經藏一輪今廢明宣德九年建法堂景

泰五年僧惠袍建鐘樓詩見藝文
道光十一年僧悟本重修

真乘寺 六都山根宋淳化二年夏聰建明宏治十一年僧順誧重修乾隆年間僧普靜復建西樓光緒元年葉瑝監生夏煥椿重修

慈相寺 七都中村唐元符三年建明正統十年僧宗成重修

淨悟寺 七都隆宮唐乾興元年建明萬歷元年僧德詵重修詩見藝文

安禪寺 八都唐時建明嘉靖僧福昕倘宋淳熈年燬里人楊照臨復建捨租七百把爲香燈之需

法會寺 八都掬水唐太和二年建明嘉靖二十三年僧福昕募脩嘉慶二年燬三年知縣魏夔龍倡捐改建槎溪水尾內建文昌閣

淨心寺 九都潏衕唐乾符三年建明隆慶五年火萬歷元年僧安常募建

多福寺 九都宋咸平十年建今廢

大覺寺 十都鷲峯下宋咸平七年僧定吉建明天順二年僧戒銓修詩見藝文

化成寺 十都下滐宋興國二年楊俊捨址僧智喜建天順五年僧方渠修道光十年僧月明復修

勝因寺 十都上滐宋咸平三年建邑人吳怡捨田壹百三十畝吳溥捨田四十畝以作寺內香燈追薦因年久寺傾嘉慶十八年裔孫公選一桂等重修道光九年僧志高復建外堂及兩廊大門

覺林寺 十二都臺湖山宋興國元年里人李尚初建并捨粮田山塲入寺以作香燈之需成化二年李永福同僧廣愛重修康熙年間燬雍正五年李昌發李應星等復修

天真寺 十二都栢渡閣宋咸平七年建

狫安寺 十二都葛田宋咸平四年建後廢乾隆年間僧元璧重建詩見藝文

廣教寺 十二都宋咸平間建今廢

觀

薰山觀 今廢

庵

萬壽庵 豐山門外崇正五年邑人葉銘等捨基倡建並捨田租壹百把入庵又吳攀桂等捨田租壹百把以爲香燈之需康熙十九年重修年久傾欹道光七年貢生余塏等呈請前令黃煥准將廢租公貯復修佛像一新詩見藝文

東洋庵 二都西川成化癸巳吳遜十建

楓林庵 東隅明崇正十六年僧寶華募建詩見藝文

準提庵 東隅桐山下順治四年知縣李肇勳建今廢詩見藝文

萬松庵縣南三里康熙二年邑人余世球僧咄泉募建詩見藝文嘉慶二十五年余世球派下四世孫合建下廳三楹並建大門

東振庵一都石記岱山村康熙四十五年周姓衆建

雲泉庵一都上管崇正五年建左有大士閣右有華光殿詩見藝文

司理庵上管

南峯庵上管東溪內懸大一公行祠匾

勝隱庵下管廻龍山年久傾圮嘉慶二年葉發良建詩見藝文開墾田畝赴縣呈明免買官穀

道者庵二都

靜室庵二都周墩一在九都新窑

龍會庵　一都横坑康熙三十二年建

東陽庵　二都

源隆庵　二都順治十七年邑人王京維僧東榮建詩見藝文

慶雲庵　二都底墅

復興庵　二都賢良嘉靖間建康熙四年復建道光庚寅年葉姓復修

雨花庵　二都明崇正間葉一舉建詩見藝文今廢

福興庵　一在二都黄沙康熙十四年建一在西川康熙三十年建乾隆十三年張從秀啟瓊募修

清風庵　二都萬里林頂今廢

東華庵　二都南洋元延祐間建康熙戊寅重修

西峯庵二都新村道光四年重修

碧泉庵二都竹坪留香兩村合建

烏石庵三都

百花庵三都祀黃十公歲旱祈雨立應山多花木奇巖峭壁相傳有神仙往來詩見藝文

伏虎庵三都伏虎山下元至元間建康熙七年僧法如重修後廢乾隆間僧心燈重建庵前怪石古木秀色可餐又名雙溪庵詩見藝文

清隱庵四都宋祥符間建順治八年僧寂慧重建詩見藝文

龍濟庵四都詩見藝文

天堂庵五都明崇正七年僧成道建詩見藝文嘉慶十四年燬道光四年里人張振芳重建並裝

塑佛像併將庵內原管土名尾窑岡田租捌拾貳把又曲彎租捌把仍歸入庵以作香燈完粮之需

百丈庵六都百丈山馬仙飛昇處順治十年火僧體明重建續因僧人不法帶據逃走粮稅無完庵產蕩廢乾隆二十年邑人吳又浩吳宗聖季建忠張德配葉上蓁黃廷樹吳光玉楊芝臻等控歸入庵重新修理知縣羅岳珪斷令此庵界連三邑不用僧住惟招誠實廟祝看守庶省浪費以免敗壞浩等遵招張勝萬住持乾隆五十八年勝萬將庵餘息復行重修並增建觀音堂嘉慶十九年邑令譚正坤又諭吳又浩等後裔吳元桝吳遇辛季士模張秀挺等經理仍招安人任持庵外新造灶房觀音堂側增建羅公祠道光三年廟祝毛元起砌甃平坑屋後嶺百有餘丈至今庵內香火尤盛現招董韶學任持管守其庵田坐稅陞拾畝零山坐稅九十九畝零六釐一山坐監廳土名山茶林一山坐落菖蒲洋一山坐落花洋一山坐落半嶺土名牛塘坑一山坐落平坑土名十三井一山

坐落奶圳土名嶺崗一山坐落小關村水尾土名桃塆

普濟庵百丈山半嶺又名平坑后廢庵租盡撥入百丈庵詩見藝文　一在角門嶺橋頭

山岡庵三都順治五年僧勝白慧猛募建詩見藝文道光十年僧湧卑重修并建樓房

烏峯庵即三岡庵奉曁公佛疾病歲旱禱之甚驗同治十二年經壇越后裔吳承益吳承謙等倡修重建上下三堂并火間

福慶庵八都槎溪西山下康熙四十一年建嘉慶二年知縣魏夔龍倡修

慈容庵竹口蓬塘洲崇正甲戌年僧海崇創建詩見藝文道光六年僧德緣積貲建外堂又置買庵左土名官路后山塲一處

海會庵竹口水尾崇正間建詩見藝文

青峯庵九都青峯山絕頂天啟元年重建順治十八年僧正華修詩見藝文

亭湖庵九都黃壇神農廟后詩見藝文本里介賓季上瑩獨建大門

龍興庵十二都姚村舊名福善堂明崇正十三年建

盤石庵十一都詩見藝文

董庵十一都槐源

樂善庵在南陽同治九年范邦潔范尚文等重建

般若庵十一都

鏡月庵楊家庄明建久燬道光二十年復建

慶松庵二都荷地

會仙庵中滌白馬山久廢同治十一年僧義空遇方重建

堂

無疆堂 縣治東隅創建事實并田段詳註馬夫人廟禮祀門

觀音堂 一在二都五大保康熙二十五年葉元星等倡建乾隆五十一年葉發良重修道光元年葉福海倡修加建火廂一楹

一在西坑嘉慶二十一年里人捐建監生吳其珍妻王氏葉氏捨入水租五十把

一在楊家樓道光四年建

一在泒石坑尾乾隆四十五年周宗紳等募建

一在梟橋頭　一在蘇蘭隘

一在阜梁橋頭　皆置田產以爲往來茶火之需

一在豆腐坑同治四年吳廷煥妻范氏獨建并捨入田土名鸞坑尖頭等段計平租二十九把坐稅一畝六分五厘永爲香燈之需

雲鶴堂 縣南來龍山舊名集善堂又名鉢泉庵元延祐乙卯邑人姚濟八建明天啟三年僧普珖

重修崇正十四年僧統啟增外堂及西樓康熙五年僧永淑重修雍正五年姚叔懋捐入右側堂基一值並捐六都淤上等村田租貳百餘把正姚志魁捐入三二都五錠塘根小安等村田畝共計壹百三十五把正永爲香燈之需正殿左供奉文一神牌右供奉文二神牌遞年中元設齋致祭

緑波堂二都青草乾隆四十二年吳世吉仝子兆瑞建復捐租壹百把爲茶火需

甘霖堂二都梧桐嶺乾隆四十七年吳兆桂子星海倡建復捐租五拾把爲茶火需詩見藝文

善信堂上管東山后

福慶堂七都呂源胡

惠福堂中際同治十一年僧遇方重修

福善堂岡根垻頭

六如堂 東隅明正統元年葉德一建萬曆二年冬葉荷重修詩見藝文

石獅堂 上管詩見藝文

福興堂 下管元至正元年潘元鼎建內供諸佛外祀土神盧相公康熙十一年閤村重建乾隆六十年增建詩見藝文嘉慶十八年兩堂同祿二十年本里吳恒魁吳建謨陳坤吳克耀八班重建

福善堂 下管龍鳳十一年里人吳順卿建崇正年間吳廷殷修詩見藝文

白蓮堂 下管小濟龍鳳三年本里有女名白蓮捐建因名又名報資詩見藝文今廢

净信堂 二都周墩詩見藝文

樂善堂 二都南洋順治間建道光元年重修

善慶堂 四都明崇正年間江文浦建左爲馬仙宮右爲江氏祠

正信堂八都槎溪村康熙二十年建嘉慶四年重修

福現堂十都

正信堂十都

善應堂十一都

古佛堂十一都槐源村

勝明堂十一都

正應堂十二都

崇興堂十二都西邊村乾隆年間建道光任持僧徧照捐貲重修

集善堂十二都河源村

宮

馬氏行宮 上管舊名湖山殿同治十二年里人捐貲改建翼以兩廊規模較前宏敞

景星宮 東隅上倉宋景定元年建後改造麗陽行宮今廢

會神宮 [illegible]山後同治十一年建

馬仙宮 下管萬歷三年里人吳道揆等建內祀馬夫人外祀諸佛嘉慶七年閣村捐建下堂及兩廊并大門

北斗宮 二都

永安宮 二都荷地村

夫人宮 西隅街尾同治十年城西衆建內堂塑文昌神像門外復建奎光樓

庵下宮二都后洋

南山宮二都后洋

馬仙宮二都官塘咸豐甲寅年建

二仙宮九都黄壇蟠龍山頂

仙樂宮二都賢良道光七年衆建

殿

上清殿竹口邑人劉廷璧捨址建

盤根祖殿十二都山頭龔等村

陳泰卿龍安社殿十二都姚村乾隆九年建　一在九都崔家田

永富社殿北川

永安殿姚村道光二年里人捐建監生邵安仁獨修殿前路貳百餘丈

觀音殿二都楊橋練國潛建

芙蓉殿二都黃壇兒村

石壁殿二都石板倉順治十五年衆建

大士殿在化成寺後同治元年僧義空建並塑佛像

永興社殿二都壇衕

興進社殿二都北坑

福進社殿二都合湖

金盆殿四都高際

叢記

宋紹興間坑西源口有雞精湧水爲祟啄于山邊廣數丈至今不毛止于大松松亦曲垂如鈎自侍郎胡紘生遂歛伏不發後紘讀書遊學有童子爲之挑燈負笈隆興甲午紘入京師取應亦與俱焉及掌中銓持金酬之其人曰某固非人乃公村前老雞所以不憚勞悴服事公者非爲利也欲假公以邀封耳紘詢其所欲荅曰縣東一百里赤岩之下有三井焉哨壁懸流深不可測吾欲此興雲雨以濟一方耳乃白其事於朝至今歲旱以

鷄犬投之泉立湧出雨亦垂至人稱爲東溪老龍

縣西南八十里有張天村居萬山最高處山頂有平地十數里平地中又起一小山山上有地數丈氣嘗蒸蒸大雪不積地方官呵道過其地者率不利亦異事也

康熙十年歲饑二都人有至縣負米饍母者早行欲如厠置米門外及出已爲人竊去遂投水死須臾雲起雷大震一人跪死路前乃即竊米者

乾隆六年秋邑有虎患邑令鄒公詢於吏欲召獵者捕之吏對以山深未易捕禳於神可祛也鄒公詢何神最

靈吏乃以土神吳三公對鄒公郎齋沐撰文敬告其神
是日安溪村吳氏婦果於屋後破柴無意殺一虎而害
頓息鄒公乃以殺虎顯靈并書其由懸匾於師公橋
乾隆七年知縣鄒公儒建對峯書院傍有舊墓一塚碑
記明故南平尉張公之墓與周垣相逼欲改扞之因以
牲醴撰文親告其墓扞於南山之陽及墓啓見誌石一
塊字多剥落難識惟最後四語猶尚可讀其文云東麓
嗣音書香此熾南山可移壽藏終吉公讀之不勝駭異
不特建造改塟二事已明言之并其姓氏及扞塟之地

皆明明指出凡事前定非人之所爲也文云吁嗟乎張清河之芳生於明代仕在閩疆何年羽化於茲兆藏八稱野塚地比北邙歷數百年見者悲傷我念松源士氣弗揚欲磨頑鈍化作精良因謀席舍以資修藏卜肇其基於茲允臧惟君兆宅適逼其旁人鬼混雜吉凶相妨君魂靡定我意徬徨爰卜佳辰丙午之剛爲求吉壤于南之岡酹以清酒炷以馨香潔牲三品哀詞數行敬告墓前君其來嘗嗚呼鴻鈞渺渺大造茫茫何非天地到處安康君其達觀毋太拘方君其曠懷毋戀其鄉

慶元縣志卷之十二

知慶元縣事林步瀛 史恩溥 重修

藝文志

記 詩 賦 傳 碑 奏疏

箴 序 前志序録附 跋

詩以達意文以足言非苟爲炳炳烺烺務采色誇聲音也凡山川橋梁學校祠宇詩以咏之文以紀之美斯愛愛斯傳矣其詩傳其文傳而其地其事亦與之俱傳孰謂文章小技可聽其散落乎慶邑藏書甚少前代遺編經先輩所刊録者已剥蝕無存惟篇章出

自近代紀述存於邑志者尚有可考今撵其卓然可紀者付之剞劂以備觀風者採擇焉志藝文

記

建慶元縣經始記　　知縣　富嘉謀

處統縣有六龍泉距處爲遠而鄉之松源又距龍泉爲綦遠地居浙東之極中高而下下流水四注而湍急其巉巖之峰谽谺之石屹立於甌南閩越之交嶺複而益峻道險而益險有戸萬計願爲邑者有年矣其居幽遠足跡未嘗至縣有不得其所者令有所不聞凡豪民之

武斷賦役之不均訴訟之不平其能自辯於令之庭乎慶元丁巳民以狀白府請以松源一鄉益以延慶鄉之半聽置爲邑聞於郡刺史達於朝時冬官貳卿胡公紘松源人也爲丞相京祈公所推重首言建邑便祈公深然之冬十一月詔可錫名慶元宜得才智士經始之乃不以嘉謀無似俾之首膺其選丞相大書縣額以鎮茲土始鑄縣印俾嘉謀躬佩而往越明年三月既塈至是領略山水宜爲治所者獨蕭洋平曠而殊勝刻地擇㕓中龔以龍山印以龜潭遂卜地於茲建縣治若迎詔頒

春若庚秆罔不咸具丞廨在其東尉廨在其西縣學在其北邑之內植坊一十七所乾之維則有社稷以春祈秋報坤之維則有教場以閱武治兵乃廟司城於東乃橋廣渡於西乃開山通道於福而行旅者得由坦道乃闢地鑿崖於安溪而入邑者樂出其塗皆山經地志之所未有時松源之官賦積逋者一萬有奇嘉謀請於郡太守趙公蠲寸其半益之故其成益速民亦樂輸而爭先嘉謀非智創之才凡十有二月而徙令治方析邑命下咸謂締創之事古人所難今儲材不素雖用民力懼

歷稔而無成時有木數千章在深山窮谷既巨且良天久不雨一時暴流漲溢皆蔽溪順流而下亦異矣而又田穀屢豐田里熙然豈譾才所能集天實為之也嘉泰元年十月既望記

築慶元城記

九江兵備　陳　桓

春秋凡城必書志譏也如城中邱城郭城楚邱之類是也然則楚令尹孫叔敖城沂并歟又曷為與之以其不侵費不違時不專封故平板幹稱畚築程土物畧址基其餱糧度有司事三旬而成所以與之也慶雖小邑地

界閩浙之間爲盜賊出入之區其利害當東南之半平川陳先生甲辰蒞於兹乙巳春首剪劇魁再滅餘黨共慶一方得安先生曰賊平一時幸耳然匪城則衆罔與守非備則賊罔知懼盍城諸且士兵備之以爲久安之策乎迺聞諸當道報可以廢寺貿價售力爲之不逾年而成樓堞門鍵延袤相屬如鐵甕如金斗四隅矗然粉堞岌然煌煌哉百里之壯觀也夫用取諸廢寺則費勿傍力取諸售傭則時勿違謀協諸當道則封不專其在昔孫叔敖之選賦在春秋當大書以予焉者也先生今

內召秉政有日將見以禮治天下辨尊卑明貴賤別等威以杜絕淩僭設無形之險鞏宗社之基此又先生守城之大者今日之記豈徒哉嘉靖庚戌三月

重修儒學記

鄭師陳

國家法古圖治建學爲先以故天下郡國州縣莫不有學誠以學校爲陶鎔之地賢才之所由出也慶元隸浙東爲括蒼蕞爾之邑宋寧宗慶元三年始建學奉祀有廟講學有堂諸生齋舍會饌之所靡不具備正統丙辰秋邑侯鄭公昱判簿王公函以聖賢塑像已久重加藻

繪廻廊繚垣增以粉飾由是其功克全先宋令富嘉謀創於縣西之濱田上郵元季厄於兵燹尋知縣馮義復興舊址國初時裁慶邑爲鎮隸龍泉迨十四年復縣治知縣董大本卜於就日門之東地勢平曠厥位面陽廟宇煥然一新矣然歷歲愈久不能無傾圮之虞宣德丙午冬知縣羅士勉教諭宋觀進繡衣王公郁爰始規圖命匠起造戟門闢兩廡櫺星暨坊門一皆鼎建越五年庚戌夏余來典茲邑教見文廟講堂諸生齋舍楝楹榱節俱已凋朽剝落隘而且陋非所以光樽俎而振文教

也於是謀諸大尹程公義和等議果合遂白繡衣三山張公重加修葺復還舊觀嗚呼功之巨成之必難鑒之前古以至於今作者非一人述者非一手今日之所爲乃繼前人所爲其所以繼今日而爲之者又有望於後人繩繩相繼庶不負前朝崇祀之典興學育材之意也

旹正統三年三月

詠歸橋記

慶元僻處萬山之中一水環匯界乎縣治之北學宮之南凡遊宦之車馬市民之擔挈行旅之擔荷越是溪者

惟筏竹代渡而已至於春夏漲浮奔流跳浪爭趨疾渡者有蹶踏傾覆之患黌宮師儒往來昕夕其慮尤切天順庚辰秋欽差中貴臣羅公嘗謁學宮視其溪阻謂衆曰水有橋梁民不患涉亦王政之一端况學宮間阻而勞師儒往來涉渡乎遂捐貲掄材鳩工伐石邑之民士歡趨樂助經始於是年八月落成於十二月長跨若干步横架四十一間高結簷牙以蔽風雨所用緡帛以千計倚勢吞波鯨飛虹卧凡車馬之行擕挈之便擔荷之安無有蹶踏傾覆之患者皆公賜也師儒來遊來歌恍

若風乎舞雩之詠因題其橋曰詠歸慶元知縣張宣等來請曰昔汴州作東西水門而昌黎有記柳州作東亭而宗元有文今按節斯土橋梁既成頌公之德非文何以傳後乎予塞其請而記之使百世之下因其文而推其德莫不知公之所以利濟斯人者千百世而未艾也天順四年冬十一月庚子

竹口公館記　　副使　夏浚

慶元素號難治多寇亂非其土使然無亦所以示之義以輯民者或未盡歟前此巡坑惟責之縣官兵憲副使

冲庵歐陽清乃采衆議使秖僚一人專領其事開署竹谿以蒞之蓋竹谿尤慶元要害爲龍景政松浦諸路之衝於此設官建治控御聯屬固易惡遷善之幾豶牙童牿之道也嘉靖乙巳春寇大猖獗知縣陳澤首倡義兵平之會浚奉命備兵浙東行部至秖澤以職事來見因謂之曰平寇非難必也使無寇乎澤對曰固司牧者之志也遂宣白前議浚乃謀之分守少叅葵峰黄公光昇請於代巡巖山高公懋檄同知文公章以往立保甲法脩武備懋軌物遂營竹谿以事上焉工既成爰記之以

終司牧之議

譙樓記

熊懋官

臘月二十四日時漏五下方徹火起自西隅逼近縣廨之右予披衣起索冠對火九頓首禱諸城隍之神祈默佑焉時西北風正熾揚燎沖舉不可撲滅時將延於譙樓樓側一民居忽號人毀之緣其家構重屋而多藏勢難遽拆未畢數椽而火已及仰盼譙樓煙光輒起業已不可救止又稽顙重申前祝俄頃間風伯息威燧人息焰隱隱悠悠若明若滅直有欲燃不燃之意予因而喜

曰茲可以力救也遂懸賞格招市人開廨後之門汲水蓮池中且潑且撲不半餉而火燼樓完僅燬右方之一角民間焚炬亦此時報止于始拜手而退自謂人力當不至此必神幽贊我也閱數日虔脩祀以謝二廟之靈隨蠲贖鍰餉執事鳩工庀材葺而新之幾一月而功成規制視昔益偉于曰噫嘻茲豈偶然事哉夫息熖於方熾而樓賴以全補綴於倖存而民得不困則神之福我與我之殫厥心者實兩無負也萬曆二十八年記

遷學記

按察使　何鏜

今天子嗣統改元令天下有司務飭勵賢才崇鄉黨之化所在推行詔書德意於時浙東分守道叅議勞公行部過邑中謁見廟學僻遠且廢喟然興嘆檄行改圖故邑令彭君與顧君偕上議以為建國居民育材先務慶固巖邑厥有忠信往昔童科釋褐代著聞人今茲希濶殊甚人文萃止宜於國中所宜遷建一也舊學須涉兩澗行往艱阻實生厭怠又宮墻茂草瞻仰淒落非所以興起肅敬而使之樂學所宜遷建二也往昔橋多圯壞所費不貲今積錢併力移植舊宮半克新葺又鄰基膴

舍址不他貿稍事裨補旬時可以底績所宜遷建三也況卜地兆吉人心景從傾否亨屯實惟其會所宜遷建四也愚誠以爲宜改建學宮於邑治東偏故總鋪地不給益以裁撤邑丞宅舍又不給益以邑倉羨地且庀財故宮度支橋費當不益損帑藏而閭閻召役咄嗟可辦官師盍宇四方嚮風宜無不可爲者書上僉分守邵公始下車輒可其議期即施行之而郡理杜公攝邑務往來覈田又時時推轂其事於是朱君滋任即再上書願卒前議是學也南直巾峰北負五雷諸山泉流環廻抱

官墻而北注大川帶遶於後龜石砥於中流龍潭滙於西麓巍巍洋洋誠風雨之交陰陽之所會也由是而人文肇起鄉黨彬彬多文學士異時騰茂實以樹勳名將與上國比隆實惟今日始基之矣隆慶三年記

槎溪橋記

兵部侍郎 鄭汝璧

慶括巖邑也地當閩浙之交而八都離城二十里水勢洄漩蓋水口所關爲邑孔道也舊有橋興壞不一正德間邑令何公鬻架木爲之至萬歷甲午蜃水大發橋壞無存春夏之交溪流迅駛墊溺者衆往來病焉鄧公顧

瞻興歎以此舉爲不可緩乃捐俸首倡而鄉之士民咸樂助之疊石爲墩者五毎墩高二丈濶半之覆屋三十七楹甃甓精密結搆堅固民有攸濟矣橋成走使徵予爲記余曩遷官之閩道經松源見其山水明秀意必有異人出於其間及稽載籍在箬巾山獻瑞佳氣浮空若彩橋然以故狀元劉公知新尚書陳公嘉猷後先崛起焯然至今有聲邇年以來因橋壞風氣不聚人文寥寥有由然矣是橋之成水口有鍵多士生於其鄉足稱儁雅又得公振作之豈無紹述之思繼二公而興起者乎

信有之則古云地靈人傑非虛語也公其大有造於慶哉

張大夫記　　　　　　教諭　葉文懋

張大夫治慶甫踰年擢守貞安去慶人聚族而祀事之屬記於文懋以懋知大夫深也懋聞古制凡有功於民者則祀之志報也大夫之廉之明之惠難以枚舉而要其至大者莫若爲慶鹽包引納課之一事蓋慶元僻處萬山舟楫不通凡商鹽到慶多以腳重價騰滋害民間且鹽捺散鹽戶遍取盈價致鹽戶典賣以償大夫目擊

民艱，親詣行臺陳弊，願免官以除百姓害。鹽臺可其請，遂每歲按慶元三百七十五小引，准納課銀四十一兩八錢二分，永免商人置賣，聽民從附近官鹽採買就食。此法一行，上不虧賦，下不害民，中不累商。慶民不啻出湯火而登衽席，此其功在蒼生，誠沒世而難忘者也。若夫罷里甲華火耗，蠲贖鍰，節財用，真若慈母之於赤子，寒而絮，餓而哺，蹶而持，恩勤罔極，以故民喜其來，憂其去，願伏闕借寇者以千百計。臺司上其狀，以格於新例，不得請，無何而真安之報至矣。士民計不知所出，去之口淤山遐陬靡不扶老攜幼遮流卧轅下道爲之塞境內外在在張筵驪歌三疊自餞屬以至厮輿無不流涕父老有贈金佐道里費者大夫卻不受僅舉一觴亦嗚咽不能勝與當年劉寵事千載如一轍吁亦難矣哉於是鳩工飭材肖像樹碑葺墻垣飾堂宇而又爲之置祀產以垂永久凡以報功報德於無盡匪直識去思而已也嗟嗟今之銅章墨綬稱長吏於一方者豈少哉在未必留去未必祀兾其留者見在之民心也祟其祀者去後之民心也見在之人心易得而去後之人心難要由

去後之人必以驗見在之人必而知其祀之也旣勤則其留之也非强大夫操何術而得此哉他年慶之人或苦於刑罰或迫於徵求必且奉香泣愬於大夫之祠曰吾民也安得有如我公者而覆翼之即後之宰慶者亦將曰前事之不忘後世之師也安得不以公之撫循者而撫循之然則是祠也豈直歲時伏臘之祀哉殆將有望於後之紹美大夫者也大夫名學書字善政正宇其號也廣西平樂人

百丈山記

教諭 蔡文懋

百丈山在慶元縣西北三十里五代時馬氏二女修煉於此丹成仙去邑人於其地立祠祀之壬寅夏予以禱嗣往是日天朗氣清嵐光杳靄林木蕭森令人生秋思鳥道嶮巇逶迤不可方軌步行約十里忽霧起峯頂如乘黑幕須臾而雨濛濛下矣咸謂此處不陰則已陰則必雨雖皎日當空而片雲矗起風雨驟至以有龍棲故也又五里緣崕於上臨深履滑至百丈庵時漸闇男女進香者日以百計香烟如霧金身爲之黑爐不容則爇於岩口道人引訪鏡臺臺在庵左由石磴百餘武即飛

昇岩見岨嶅白霧瀰漫連天一色岩石有三狀如龜形有馬蹄剪刀屐痕突起寸許並仙蹟也岩外四山環抱中爲深塹奚止百丈百丈特約言之耳時霧收塹見水如飛濤爲龍湫巖下有十三井今止見其三遇旱則龍棲焉氣候常如深秋不知有暑踰立岡有捨身岩一石如砥方廣丈許厚不盈二尺突兀而出若斷橋然俯瞰益深峭可畏登之若凭霄御空設村構一亭可容徙倚其遠眺更當何如語云山以仙名水以龍靈百丈兼有之矣歸來輿中暑氣侵人覘昨入山迥若冬夏之隔雖

陰晴不同亦地使然也日晡抵署漫爲之記

鼎遷儒學記　胡若宏

新建學宫於就日門外城隍廟左崇正四年十一月伊始也粤考慶志學始於宋慶元三年在縣北濆田上村迨洪武十四年遷縣東就日門外與今建地相去半里許天順間仍遷濆田後嘉靖初築邑城學隔城外二澗相阻有咏歸橋屢爲水决隆慶三年乃請移城内舊址麗水何公諱鏜記文甚悉迄今天子嗣統二年乙巳仲春予來署學不惟衙舍鞠爲茂草卽聖宫明堂啟聖僅

存桯立余目擊心塞誰非名教中人奚忍令其荒凉至此乎越明年庚午秋閩連江陳公諱國璧新蒞兹土甫下車不勝嗟嘆不旬日卽圖修葺因觀學址地勢卑下譙樓高壓居宅逼人兼以古墓叢林障蔽朝秀所以人文寥落青衿數不盈百扶輿之不靈可知矣遂遍擇佳址惟有城隍廟左四山層聳左右文峯揷漢直泮宮佳地也與其因舊補葺而爲聊且之計何如更新遷建而垂永賴之圖乎於是請於當道分守姚公諱允濟分巡王公諱庭梅巡撫陸公諱完學提督學政黃公諱鳴俊

咸報曰可陳公遂捐俸經始幸闔邑士民協心矢力聚毛成裘不蹈道旁之築且任事一十六人吳廷殷周世紹鮑德祥葉觀生吳汪吳道光吳道文吳邦允姚國彩姚從讀葉啓昌葉春色葉任生吳逢烈葉春郁陳先大等鳩材督工勤勞公務至壬申暮春告成

聖宮視舊殿高五尺餘周圍濶三尺餘明堂之視舊制其増益亦如之祀啓聖公於宮後列鄉賢名宦於儀門兩旁齋舍兩廡俱已成制樹櫺星三門設門屏於門外左坊題騰蛟右坊題起鳳蓋舋序應有者俱依制創建

是役也以庚午仲秋建議辛未孟冬經營壬申孟夏告竣時庠生欣欣相與樂成徵記於余余思國家建學造士得才爲盛今皇上察倫敦化詔廸膠庠不啻諄懇頃者國步多艱所推轂折衝禦侮出將入相者誰非庠序中人昔孟子論士曰尚志論尚志曰仁義又曰士窮不失義達不離道士之所以爲士孰有踰於此者故建豎廟貌使先聖賢之威儀不替者父母也建豎仁義使先聖賢之名教不墜者諸生責也爾輩誠求所以無愧乎其志而於窮達也無隕穫無充詘則措之天下國家益

精明卓偉蔚然足以名世庶不失建學造士之盛心也

夫旹崇正壬申秋

重修縣城記

知縣　楊芝瑞

邑之有城以設險也慶僻萬山險矣奚又城之且慶爲括末邑括十屬不皆城而慶又奚爲獨城之以固險也余以庚辰歲杪來令兹邑詢三老得城之詳始築於嘉靖之二十五年備山寇也再修於嘉靖之四十一年復備山寇也嗚呼歲未一紀而大變兩作地其危哉至萬歷十六年水災詹公乘龍增築之及余受事時閱五十

餘年矣其傾圮而豕牢內外可比手相引也設險之謂何余心深危之以增高議小民且嘖嘖曰吾邑僻且瘠何土木之煩爲余力排衆口又獲幕廳鄭君決謀焉捐貲爲倡以答聖天子重守令煌煌四事之詔意是歲春于又以剏復石壁喜鵲棘蘭龜田烏石馬蹄六隘彼時舉工匠役不給遂延時及冬城僅竣事而偵者以壽寧山寇千餘報于寢食於城者越朔望且身冒矢石斬馘百級幸瓦全無恙茲役也固社稷之靈然非城可恃乎慶爲龍泉前車矣於是慶之士民始慨然趨事合邑人

而輸之約得四百五十金捷聞復於當事給庫銀三十金而竟城之工匠合計一萬七千十八工用大磚九萬六千有奇瓦倍於磚十之一至如炭鐵木竹類應百七十餘金其增於舊城者樓五座女墻則以三尺益之東南則以二敵樓壯之四隅則以十二窩鋪周之日月則以辛巳夏月至壬午之冬暮終之大約費以千金爲概邑人之捐輸與取於庫者僅及其半耳自是雉堞一新稍有成備予之拮据雖未敢告勞姑誌之以聞後之君子同志者乘其未虧加葺焉不至如予之勤倍功半拙

於告成庶有當於先王設險之義云爾崇正十六年記

六隘記

楊芝瑞

余不才庚辰蒞慶時雨雪邀林越兩學博登城北望京樓因詢利病兩學博以壽寧山寇爲慮東鄰壽寧惟石壁最峻舊有隘隘有基今廢矣余心識其言越辛巳元旦甫兩日遂躬履其地得故址焉昂崇若天塹可萬人敵也搆數椽爲守者地不月而功告落復有憂者曰壽之至慶有兩徑石壁爲孔道嵩鵲其南也備一未周如窺何何余復爲之計爰議輸於邑人僅給其半余給其

半亦再月畢事其時異議者皆謂予勞民也是年冬賊果千羣至邑人相顧驚懼爭趨入城爲堅壁請余笑曰兩隘之設政爲今日耳毋譁言其視予馬首所向後命者有三尺在遂長驅至隘賊亦蟻聚隘下而我已據險矣相持兩晝夜賊洶洶彌引而上斬其六級馘兩奸細賊怯遂他徑去龍泉肆行焚刼括屬爲震驚邑之人乃懽呼於道以余築隘爲得計遂紛紛以隘請焉越壬午春余徧歷四境西與松溪比者徐蘭也命藥承登董之南接政和者龜田也命生員吳文暉糧長夏應國董之

城以西有烏石隘皆出於余城以南生員吳世臣吳貞明吳康民吳運啓輩所創建者名馬蹄也今則外六隘内百雉隺嵬相顧邑之人心可恃以不恐余亦庶幾守土無忝云

重建棘蘭隘記

吏科都給事中王益朋

順治辛卯余受知於龍泉徐使君湏列賢書明年冬仲應公招説劍函丈從讀書暇欲泛觀鄰邑山水之槩於是獲探石龍百丈之竒見其山巑㠊其石嶙峋三面壁立獨西北一綫爲周行孔道然界連閩壤山賊時發嚣

隆間縣令陳設隘於八都之棘蘭蓋以控扼險要東制咽喉也嗣後歲久就圮崇正辛巳楊邑宰因其遺址曾復創焉冬杪劇賊張其卿等直抵隘下見其險阻有備倒戈而去至鼎革時此隘又歸灰燼羣盜仍肆縱横當其時往者來者商者賈者咸褁足不敢前覔覘康衢爲畏途勢不得不借道於山徑然崎嶇巉巘攀藤附木露宿風飡不勝其楚所謂不備不虞不可以處非歟庚子且月括蒼周公祖奉命督徵案節其地低回久之乃蹴然曰斯險也誠天造地設之險何殊趙之保障鄭之虎

牢蜀之劍閣齊之隘平魏國之河山也苐善用險者當使險在我不善用險者常使險在人若拜君之爵而無以利於其地食君之祿而無以益於其民是具員也余旣濫刺茲郡常視十屬如一家而慶元今日之事莫有急於此者其亟營之且戒曰毋下徵於民務蠲諸已由是刻日鳩工庀材始其事於本年七夕甃石爲門門上架樓樓基壘石高三丈許東西濶六丈南北半之凡八楹公又謂有門不可無守者地復創葺房三十礎置弓兵十有八名晝則伺偵夜則擊柝有警則益以精卒其

規模經畧視昔更精且詳迄今已匝歲矣不惟夙盜懾不敢窺且使居者思止其家行者樂出其塗賓旅通而冠蓋不絶則有識者又未嘗不頌其功之如此其美且大也時余告歸讀禮適有事於括蒼慶士民謀記於余余不文姑述其始末云爾侯名茂源號宿來南直華亭人順治己丑進士來守處州治尚廉平而養老造士尤諄諄云若督工者例得書書於碑之陰

復建詠歸橋記

楊芝瑞

寓内多故守土者力竭催科卽重務猶莫爲之應若夫

褰裳之患惟問諸水濱而已曠覽山川追維往蹟則如詠歸橋是也予蒞慶兩載諸凡建隘修城借民財煩民力以仰副功令免于罪愆者雖斯夕經營于勞也乎哉民勞也方幸黽勉告竣差得吾民優游共適而閭邑復有建橋之舉先是橋之興廢不一初創於元大德再造於明天順三造於嘉靖四造於萬歷屢造屢圯人皆曰波臣爲祟予曰非也人謀未臧乃欲分咎波臣枉矣自今伊始於萬斯年維持鞏固往來行人不賦匏葉而賦周行則今所謂經營斯夕者民樂也乎哉予樂也苟利

於民何惜勞瘁凡我好義同心者請勿作橋觀是卽君子穀貽孫子之頌也求寧觀成敢訃日以竢

補天閣記　　兵道　呂陽

昔上帝既剖渾沌氏以其支節爲山嶽腸胃爲江河山曰積氣水曰積形高者爲生下者爲死邱陵爲牡溪谷爲牝凡山川蜿蜒者旺氣也奔竄不廻者衰氣也故郡邑孕旺氣者泰乘衰氣者否慶元爲浙東僻邑天爲山欺石不抱水離城數武而北是爲龍潭兩水迅洩有石孤峙於波中狀似巨鰲挾有靈氣肯堂楊年伯瞭如也

从之集邑之老者壯者賢而達者僉謀之曰余少讀漢唐史至其載堪輿諸書知靑囊術百世所奇壼圖諸於是捐俸發粟爲士民先遂鳩工庀材殫心畢力自草昧以來爲斯石開其生面者則自年伯始自孟夏迄季秋而工落成其閣昂藏周以廊環以欄危簷峻楹承陰廣靁中懸太極外列八卦曲梯盤紆玲瓏瑩透登臨嘯咏天宇空濶煙霧莽蒼仙桃巾峰諸山近在指顧間俯瞰溪流水光微茫諸鱗出沒若鼙鴉浴波遠聽雲樹掩映蓊鬱籟聲盈耳日光注射偉哉觀也士德旣維屹乎山

峙風氣聚於斯地脉厚於斯將使人文寖盛噫嘻天缺西北女媧煉石以補之兹邑虧西北楊年伯創搆傑閣奠坤維以挽天工豈曰小補云乎哉年伯曰諾是則僕榜閣意也遂書之石

楊公橋記

台州進士 陳函煇

邑治之北距城百武而近舊有橋焉其再創於天順間者嘉靖末爲河伯所潰迨萬歷初年復拓之尋就廢圮垂六十年於兹無有繼者姑孰楊公蒞任之朞月士民叩階力請復之公起謝曰請之誠善也但政有緩急治

有標本方今寇警騷動桑土之謀未備衣袽之計尚踈未遑此也姑俟之惟是專志殫力繕城池創關隘練鄉勇靖寇之餘仍築隄壘[illegible]修倉葺獄宵旦經營次第畢舉慶之士民復叩階請曰荷公締造百廢具興橋屬東北孔道不可緩也且適當捍門尤為一邑風水所關更不可緩也願君侯圖之公輾然喜曰諾夫橋梁王政之所有事也徒杠歟而國僑致譏川梁隳而單公以刺余承乏茲土不敢恩夫捍災備害一切利賴生民之道能無內愧于心乎於是僉謀塔院上其事於道臺計工授

事毅然引之爲已任更搜橐中俸金伍拾兩以爲之倡而邑之揮鏹樂助者翕如也經始於癸未歲孟夏以是年秋仲告成中竪一魏閣東北分建兩橋架屋計十九間其長計二十四丈廣計二丈一尺棟宇莊嚴丹彩宏麗勢若長虹横掛於絶壁危淵之間蓋自是而輿馬可通商旅可行褰裳躧蹻之患息矣而諸山拱揖百派滙聚與橋相望不絶甚盛舉也慶之士民懽呼載道咸謂斯橋也其湮滅於洪波荆棘中者已數十年而公乃拔蓁莽構區畫鞭海石一旦而鼎新之其規模視昔尤巨

麗焉非其勇於仁急於義殫乃慮疲乃形其能成此大工耶是以感之也深慕之也切相與識公之功德於不朽遂顏之曰楊公橋俾後之人顧名思義不且千萬年猶如見公乎

楊大夫記　　倪元璐

古之循吏其肖像崇祀載在簡編中者不數數得也如羊叔子俎豆襄陽范文正公繪像二州張文定之平定西蜀殺忠懋之享祀荆南此則光史冊而嘖嘖於人口者也今於楊公復見之公出姑孰鼎族爲先司馬如翁

賢胄孝廉爾台公則其令嗣也家學夙著代有顯人辛酉舉於鄉庚辰冬拜慶元令歷癸未秋擢武定邦伯公之惠政洽於慶民而慶民愛慕之也深不忍賢者之將去我也乃協謀建祠於西北郭尸之祝之廟貌之以昭盛德以識不忘祠成請記於予予考祭法有曰法施於民則祀以勞定國則祀能捍大災禦大患則祀凡此數者公奄有焉公初下車行城履隍傾圮就頹於是延鄉士夫僉議遂鳩工庀材撤朽剜蝕計力程能竭蹷以圖鞏固冒霜露暑雨戴星出入罔勸勤也越半歲而工竣

公又曰慶之四周悉與閩接不亟設險猶開門而揖盜也卽審要害創六隘以扼咽喉或峭依絕壁或深臨危澗所費不貲公捐俸以佐之則所謂以勞定國者非歟辛巳冬杪閩寇披猖攻掠鄰邑旋薄慶城公親督行伍擒殺之乃熄夫慶自嘉隆以來目不識兵者已百餘年一旦變生叵測乃卒談笑成功雖公胸裕甲兵亦繇閫疆講武訓練鄉勇其備之者素也則所謂捍大災禦大患者非歟此固其鉅者也至於課文藝以造士除鹽害以甦民築坑壑堤以利往來建補天閣以培地脉定條

編以緩催科蠲火耗以節民財平税畝而均差役皆其班班較著者所謂法施於民者又非歟大抵公之爲人披肝露膽精勤敏練潔巳愛民孜孜爲百姓根本計慮而是非毁譽皆有所不顧故治慶僅三匝歲舉百十年來廢墜之政旦暮而振刷之民咸頌曰國家三百年於茲我慶止覩此神君也余備員史舘有年閲人多矣其果真心實政視國事如家事者如公有幾則斯祠之建慶之士君民信乎有不容已者進之古昔不特與羊范諸君子遥相輝映卽公儀子産汲鄭諸大夫直可頡頏

也已公諱芝之瑞肯堂其別號云初授慶元知縣陞武定知州崇正癸未記

重修文昌閣記

里人 吳貞臣

康熙癸卯秋月辛酉有星光芒而白占者曰是宿爲鬣斧白爲除舊布新於占在天關位爲司祿𢹂兹星祥厥應當在濟水以兆文昌之宮蠢絶欲更有事登椽乎是閣倡自別駕吳公建於明神宗間歷年既久棟宇隳剝非所以揭虔妥靈迓神庥而徼景福也爰聚鄉之同志者闔議出貲由簍向豐於是板榦錐鑿不呼而具其閣

自甃至礎工企始創三之一焉閣前瀨地淘爲長池水影涵天架石池中連閣如虹新阜三十二楹中設大門右爲大士居左爲繆公軒是役也癸卯冬朔與其甲辰春之花朝竣事堪輿者曰閣乘子龍面乎午馬山川之氣融聚故産多秀惠蔚爲名士燈火連帷宛然鄒魯之鄉苟非是閣鎖鑰文昌靈祐何以逮乎此哉事有奇蹟有異不克記述者士之恥也爰僭筆誌其日月用告來者

城隍廟記

松陽進士 王汝棐

粤黄帝始城以居城隍之神自秦昉也後世遂有封號凡興王之地封以王郡州邑封以公侯子男以故遍得祀而徧天下者唯社稷與城隍爲然社祭土以句龍配稷祭穀以棄配其位皆不屋而壇非如城隍廟貌輝煌巍然當座句龍棄以功城隍亦以功其所以異者何也蓋陽明之屬恒與耳目相遭陰暗之屬恒與耳目相遁於是世有多詐之人欲暢爲惡既畏有常刑欲勉爲善又苦其非好也幸有所謂陰地焉暗地焉頗以遁其惡於不見不聞斯亦其無所不至時矣豈知陰爲響或且

陰瞷之暗爲奸或且暗譴之是王度王綱所不到之處實藉城隍靈爽在焉城隍不怒而威不言而化使世人艮者多惡者少所以治世者毋栽刑法而獲誠和柳子厚所云陰翼王度暗助王綱是也慶之城隍先年邑侯董公大本建在東門外三百武古厲壇之右前面高山後枕長河即今二賢祠東頖宮之西也廟貌有儼幾二百餘載棟宇頹圯風雨驕怒鳥鼠竄處神久呻恫辛丑高侯甫下車瞻謁時輒喟然嘆曰非神何以福斯民非廟何以妥神靈越二年癸卯春乃鳩材伐石給其餼糧

量其工役其址縱四十丈橫半之周遭墻一百堵正廟築臺高三尺許縱四丈三尺橫五丈二尺楹三十四高三丈二尺一寸後庭一棟規制如之儀門楹十二大門六楹左右百椽翼之兩廊各五間合三十六楹無間可十笏廟中大龕坐神金相左右列吏判案牘筆硯印匣斗大儀與縣治同制峻起軒翔覺其楹噌其正大殊舊構舉不涉歲厥功落成侯且慮永事又出橐俸買田三雙招心生慈隱二僧食其租入旦暮燃守燈香神道設教侯之意真深且遠也邑父老齎幣遥杖口誦述其事

乞余言以泐侯功夫侯之美政不可枚舉今此一端豈足以光榮於侯而獨欲余記之哉雖然春秋之文或特書或大書或不一書而繁省别焉侯既新其廟以妥神靈陰翼王度暗助王綱俾與句龍棄並祀不祧奕世無窮即此一端亦足以記侯之功矣侯關中寶雞人姓高諱嶙號陟雲以經行名當稱爲古誼循良君子也問董是役者誰曰邑弟子員七人余曰是必錢中之錚錚者也

修造縣治衙舍記

知縣 程維伊

古設官分職以治事内置省部寺監外列百司庶府其公廨私衙廣狹大小各有其制盖所以别尊卑明體統也甲辰春三月余奉璽書來宰松源下車之日居於城南庳隘民舍詰朝邑紳衿父老進謁於縣治皆目顙圮過半復咨衙舍父老告曰先是丁亥廢於兵燹今寔蕪荒址而已余仰而嘆俯而思縣令遠者三歲一更近者一二歲再更凡事雖有宜作者少遲日月當即去何必改作顧余嘗讀古傳記白樂天自幼迨老若白屋若朱門凡所止雖一日二日輙覆土爲臺聚石爲山環水爲

池其暫猶如此況余承乏是土所止者又非一日二日巳也且也爲民父母而與闤闠亞旅雜處甚爲褻媟而非體故知事之宜作雖丁三空四盡不可廢也紳衿聞而是之於是命日者度材給其餱糧量其徒庸載鍤操斧者式歌登登不驅而鼛至矣曰大堂曰兩廊曰麗樵危梁頹壁如破岑卒盡撤其舊葺而新之曰後堂曰川廊曰賓館曰土地祠甍棟粢桷皆翬然新搆而加於舊制凡五十四楹其衙之基雖因乎舊而制則視昔有差曰堂曰室曰高樓曰小亭曰廊曰門曰左右廂曰內外

書房曰爨廚曰溷厠曰阜堳碁布繁瑣約之椽之煥然
攸觀凡百六十八楹繚以周垣甃以堅城木斵而不丹
墻圬而不白工善吏勤晨昏展力越明年乙巳四月落
成是日也登樓鼓琴遥望犁天挿漢卿雲萬丈北之錦
峯也俯首吸川爪欲攫雲西之龍山也紅雲罩樹曼倩
目迷東之仙桃也雲錦簇空仙子七襄南之霞帔也琴
聲既歇穆然興思或兆民未安思所以安之民之所欲
思所以聚之民之所惡思所以去之且思學漢古之循
吏鑄頑成仁若僅備員自逸徒用土木之多亦何所取

焉余之心力如斯而已若夫先天下之憂而憂後天下之樂而樂以俟之樂只君子則余豈敢又閱數月政閒無事於是乎書

重建竹溪公館記

縉雲進士　鄭惟飈

慶城以北四十五里古鄉曰竹溪即今之竹口為越閩之岐摩肩一巨鎮也廬舍鱗如竈黟二千土旣磽瘠民亦凋瘵明初燬坑惟責之縣令尋兵憲副使歐陽公淸乃采衆議使碉僚一人專領其事開署竹溪以蒞之蓋竹溪尤慶要害為龍景政松浦諸路之衝於此控御聯

屬固獷牙童牿之道也嘉靖乙巳春寇大猖獗邑侯陳公滓帥義勇平之會以職事罷見兵備夏公浚遂白前議乃謀之分守少叅黄公光昇請於代廵高公懋檄同知文公章以往立保甲法修武備懸軌物遂營竹溪公館以事上焉迨我

朝順治丙申冬緑林竊發狠掠竹溪公館民舍盡燬於火男女剩命鹿奔露處莽僞中七閱星霜宵泣鬼駭非得神君出宰烏能斲害卒利爲羣黎福歲運甲辰楚黄程侯蒞慶識在日上才挾風先悉心撫字德化涫溔且

也兩袖清風蕭然止飲龜水一勺以是八年之間萑苻息行伍安瘵者起頑者廉道者竭私嚚者結舌走險者自削其踵邑之人士歌且舞焉膏之所沃雖荒谷幽陬無不淪洽侯每過竹溪聆其宇址瓦礫太息欲涕加意招攜哀鴻復集結搆部屋駸駸攸寧庚戌冬侯獨捐鶴俸重建公館上不擾公帑下不徵私鈔故執畚者繩繩捺斧者詵詵葦士輸木蟻列而趨自冬徂秋梓者函鑿築者闔鋪館門之外左建三楹祀關聖帝以示神武不殺用靖寇氛右建三楹中祀文昌司命爲此鄉之人出

多秉耜入少横經書聲弗和燈火不連故祀之以鼓舞子衿辨志釋菜左祀宋給事中王公應麟此邦之先賢不可不廟食也故祀之景行仰止以光川嶽先是西距竹溪二里許名後坑爲行旅要道邑乘載有輿梁自唐宋來不啻十圮戊申春復爲怒濤掠去渡者多悲濡首候益痛憫逵聯遐思棄其故址經營於下流兩岸礶碇處斫石爲墩復倒倖橐付鄉之恪勤者任其事鳩工選材用管子灋不驅靡至盡期而竣於是萬口同聲咸名曰程公普渡用誌不朽橋之西首創八角茶亭以頭陀

司鎋歛於行路四運不絶余近屬鄰封久耳侯三異三善之政今秋九月諸役告厥工成竹溪三四老人走跋乞余言記之雖鄙陋不文敢不拜揚良司牧之德意遂走筆應其請云

重修順濟行祠記　　邑人　季灴

順濟行祠夫人閩古田陳氏女也行十四生於李唐之大歷精巫咸術活人最多沒更靈異祀之臨水至宋封爲順懿夫人不獨八閩崇祀卽吾瀏之窮鄉僻塢莫不尸而祝之而余城西之行祠高敞獨爲羣廟冠自辟邑

來凡疾疫或作雨暘或慾子嗣或艱無不於夫人乎是求求而未嘗不應故闔邑士女羣爭祀之而祀事之盛更超乎羣廟夫人之功在社稷福庇一邑不綦大哉其祠創自何年余生也晚不得而識詢之故老亦鮮有能言者僅傳以爲前重修於萬歷之二十七年則其祠之古可知而報夫人之德應有與日月而俱長者卽起狄梁公於今日亦知在所必存之祠非婣也鼎革以來附城祠廟半爲戎馬踐躪夫人行祠亦間有兵丁投宿一日忽倒懸桂上如綑縛然求之而後甦以故兵人遯跡

而清潔如故噫奇矣非天下之至神其孰能與於斯惜歷年久棟宇摧頹風雨交侵過者雖抱修葺之念每慮其工繁輙喟然太息去順治辛丑春家君命余與兄煒煩總其事余退而撰疏告諸同志亦慨然共任其役以年月不利遲至康熙乙巳秋乃得鳩工庀材以始其事凡祠之內外兩楹各依前制止易舊桷其依人亭則改造也東廊有礎而無楹西廊有楹而無壁余與諸首事竭蹶協力朝夕省試易舊圖新爲之丹雘延飾神像以煥人耳目人無不悅矣神有不來格而來享乎其工始

於康熙之乙巳七月四日竣於丙午之七月四日以如此之工繁費浩期年而告成豈曰人之力哉實神之靈也余與二三子其何功之有祗以報夫人之德於不朽耳夫人之福庇一邑而惠及後嗣不益茂哉若夫搬運之工均出社下余不必書揮鏹樂助實繁有徒書之梁上余不勝書而總其綱者吳子美中與兄烺及余任其事者周子亶明吳子履亨凡收支之數皆屬於予因得知其工之繁而費之浩故不憚詳記之嗟乎物久必壞自然之數後有作者能心余之心與諸同事之心是余

與諸同事之幸也夫爰作歌以祀之其辭曰桃溪灩灩毓瓊胎番識香名在丹臺抱魄凝神軼塵埃芸局石室長仙才銀函金字啟蓬萊火龍木虎一齊推西來王母白雲杯瑶姬姹女共徘徊駕鶴驂鸞戲九垓左召元冥右黔雷靈蛻乘煙更異哉丹詔遠從日邊裁歲逢女魃忽爲災香雨飛飛散九陔蘭桂馥芬傍雲栽禋祀何必數高禖降魔驅疫法恢恢膏傳續骨起枯荄廟貌重新西溪隈庀材伐石倚城開老穉歡呼動地來春月落成何崔嵬肅然瞻拜景昭回爲祝教婦教嬰孩長作王家

廟廊材

建角門橋記　　程維伊

自古分建郡邑莫不上應列星下隨地紀以爲形勝故泰岱峙於東而青齊顯衡霍列於南而荆揚著華恒分立於西北而雍冀名此其最鉅者也至若津梁之設又所以補天地之氣機聚山川之秀氣而大有助於文運豈僅係一方之利涉而已哉慶邑僻處萬山去省會千有餘里其民力田務本不事末作其士敦詩書習禮讓彬彬乎絃誦之風足與上國名邦媲美而三歲賓興升

諸司馬者寥寥無幾識者未嘗不扼腕而嘆慶士之難遇也余治慶之六年歲在已酉偶値簿書之暇與邑人士登高遠眺四顧徘徊北望憮然曰士之扼於制舉非無故也松源之水自東振迅而來至角門嶺而一曲邑之文瀾於斯萃焉向之有其才而難遇者以茲水之洩而不聚故若此若架木爲梁以接兩山之脉絡鎖一水之瀠洄文運殆一助乎邑人士咸躍然喜曰善余乃捐數歲之俸以爲邑人倡諸紳衿父老不謀同辭各効厥力於是伐石庀材建橋於其上其工始於本年之二月

至明年十月而工落成望之如長虹亘兩山之間者橋之形也重簷飛棟鱗次而縱横者長廊邃閣架於橋之上也巍然雙峙騫翥於橋之左右者麗譙之樓也修垣曲屏有亭翼然於石壁之畔者儲英莊也長川瀠瀠波折而内擁者溪之水流而復返也列嶂層巖鬱鬱蒸蒸互爲掩映者兩山之氣相生相續也而慶邑之山川庶幾從此其效靈乎雖然自有天地即有此山川自有此山川即應有此橋向不知建而建於余蓋亦有數存焉余又幸遇合之奇也因樂觀厥成與二三僚友登斯橋

而聽眺豈曰後創建之勞哉竊于是而有感矣顧原田之膴膴則思不竭吾民之力焉湖清流之潔冽則思臣心如水而不使可淆焉觀其烟霞朝變禽魚上下則思與諸士切磨砥礪而期文教之成焉念夫負擔而往來息足於溪雲沙月則思阜吾民之財而比戶可封焉廻眺乎雉堞言言左山而右川則思百里之寄上足國而下裕民者無不周詳而審處焉至於免厲揭之勞無胥溺之患又其最著者耳邑人士不忘余一日之功欲倣蘇公橋之意榜其橋曰程公余固辭之不得遂以是名

是爲記時康熙十一年臘月之吉

續成慶元學舍記　教諭　胡玠

慶巖邑也自兵燹後百廢具興建置各遵舊制獨學舍闕如向之敷教斯土者皆僨民房而與編氓雜處其始至則多憇于僧寮道院於戲觶堂虎座徒擁虛名烏止鷦棲萍淤無定所良足悲也歲癸酉予奉簡書秉鐸慶地始托足於萬壽庵繼借寓於余氏書室遼隔城郭寒暑皆不得其宜諸生謁予而言曰昔者居夫子得李邑侯之助鳩工庀材搆造公署肖經始未終廢蓼

以去今寥寥數椽猶在飄搖風雨中頹而修之不猶愈於僦屋而居乎予曰學舍固爲公署然不敢以望官帑又不可以漁民力雖修也而功倍於作歷陳徐兩君或有其志而力不逮或有其力而志不堅歐公云嗟我官居如傳舍其來久矣如予之不材曷足以樂其成諸生又進曰天下事惟吝與怯者弗克濟我夫子素慷慨爲懷實心任事而何有於區區予聞言蹷之從里門拮据三十金付首事爲之倡而多士之好義者咸鼓舞從事矣多寡各輸其志木石各平其直匠役各優其貲練達

諸生董其事同寅婁君總其成爲之闢草萊甃甬道峻墻垣完門壁開講堂搆書屋前爲轉蓬後爲翻軒凡庖厨湢室無不具脩且濬池栽竹築圃蒔花廣而僚檏而雅向之飄揺風雨者且可以擁臯比坐春風矣是役也子更不欲以安居自隘其願計將大堂並加修葺使桓榮授經胡瑗勸業皆足以坐橋門而至止始繼美胥君創建初心而後勒之貞珉俾二三首事咸垂姓氏於不朽第以頻年索米日在風塵憔悴中今又將奉檄入都舍此而去嗟予行矣後之君子升斯堂入斯室或念經

營創置之不易時從而補葺之不致復有飄搖風雨之慼則予心慰而并屠君之心亦慰且以卜慶學之聲施於奕禩也康熙三十有六年重九望後

重建明倫堂記

知縣　徐羲麟

慶學之有明倫堂在文廟左偏其額爲建陽朱晦翁書蓋慶疆遠處而近閩與建陽接壤或晦翁當日曾來此書額故慶之士紳家多朱子親書不特此額也堂久弗葺傾圮且將盡予惟政治之要學校爲風化之先士子爲四民之望肇修人紀爲廣化之原繹此弗圖雖粉飾

治具皆虛美爾余自束髮爲諸生即以忠孝自矢及甲午登賢書躬逢

聖天子臨雍欽聽大司成講聖經一章知正心誠意修齊治平之畧要不外自明其德以作新斯民明德者何明此君臣父子夫婦長幼朋友之倫而已士不明倫不可爲人上不明倫以作新其民則無以致小民之親雍正五年丁未四月余奉

特簡作令兹土惟以人心風俗爲急首謁

聖廟與諸生相見至講堂則堂傾圮無可設席惟晦翁書

額歸然尚存於敗屋腐棟間余愀然不樂者久之迨冬十一月而司鐸孫君至余與談及明倫堂有同志焉遂各捐俸創始立簿廣募又請於學憲王公得罰金三十兩合士紳所輸於五年冬十二月起工迄雍正六年冬十一月而堂告成復懸晦翁舊額於上從此講席可設諸生得肄業堂中余之吏責藉是可少慰乎噫堂之壞非一日矣更數令矣前之令不修諉之學曰非我事也前之學不言諉之令曰非我力也彼此相推以至壞不可支若早修之則用力少而成功易矣天下事敗於自

異而成於寅恭可勝嘆哉

對峯書院記

知縣　鄒儒

崧源爲龍泉舊壤自宋南渡後始割置今治山水靈秀代有文章道德勳名之事顯於時近年來激昂青雲者頗少說者皆爲山水咎乎獨以爲不然人材在乎培植今邑中並無一椽肄業地欲文弱子立風露中烹字充腹以精其業也甚難乎蒞任之明年有興建書院之意因大集邑士民合謀之咸踴躍喜曰邑父毋爲邑人設教澤疇敢自鄙負明德又請曰勝國初邑富民曾捨田

一頃八十畝入耙天寧寺今寺燬僧散田無主曷請歸爲諸生膏火資予念衆志堅定事克濟爰卜基於 文廟之左建屋八座共計八十六間前大門三間儀門三間中講堂五間後文昌樓三間上祀 帝君像下作掌院住宅左右各廂房二十四間分爲諸生肄業號舍極偏五間則爲爨室周圍垣墻高一丈共八百四十步有奇中門正對蕭山因顔曰對峯書院又以公牘上郡太守鄭東里先生請撥天寧廢寺原田歸乃正需告竣而先太孺人訃音以十月十七日猝至倉皇解組毋忘事

類九仍一簣倘不克終前功盡廢且大負士民望偶一
念及輙涕潸潸下而不能止越兩月長洲蔣沶蒼先生
來署篆至卽毅然任曰此我事也立責諸工刻期告成
會鄭公判牘亦下允將原田盡歸書院爲膏火資且立
需册案以垂久遠予又以所買江蘗氏姚官第民田一
百六十五把附入而學舍膏火胥備矣予間乘交代之
暇登文昌樓見龍山弄爪拏雲勢欲淩空飛去而石黿
拱立儼若浮水而獻書者然他如霞岥仙桃錦屏諸峯
紫氣紅光盡著文明景象乃恍然神悟曰松源山水靈

蘊百年未洩者其在斯歟其在斯歟然斯舉也予雖首其事非得郡憲曲成之仁署公善後之力邑士民勸助之功斷不能完美至此亦由松源氣運將興故得羣賢交贊事克有濟也因紀其事於此以傳永久焉乾隆癸亥元宵日

魁星樓記

訓導　胡曾肇

韓昌黎云中州清淑之氣蜿蟺扶輿磅礴而鬱積必有魁奇忠信材德之民出其間慶邑萬山環峙如屏開如壁立如幢竖如蓋張岩嶙纚連嶔巇屹巉水自東南奔

注西北滮滮淅淅淩坻溈鍫箭馳而風疾神氣所感人文興焉宋大觀初先哲劉公爲殿試第一人他如少宰吳公大宗伯陳公司徒胡公等各以文章經濟彪炳宇宙豈非地靈而人傑歟自宋迄明後先接武不可勝紀入

本朝來

天子闢門求賢而拔巍科居官於朝者落落不過數人豈地運有盛衰耶抑別有說也夫日月星辰天之文也山林川谷邱陵地之文也沉浸濃郁含英咀華人之文也有

地之文人之文而不得天之文以助之則其光不顯史記天官書云文昌魁下六星兩兩相比名曰三能卽三台也是主文明實能振幽出滯通邑大都爰建立祠閣肖像以祀之得靈應焉意者慶之人士始未嘗不祗肅崇奉後稍陵夷至於懈怠歟學署舊有樹人堂圯廢巳久乾隆癸卯司鐸王公炳程公玉麟創造堂樓爲諸生課藝之所然規模粗具而樓板窗檻墻壁俱未整治迄今十有餘載上雨旁風日就傾圮余與同寅癖山兄及諸同志定議捐修鳩工庀材不數月而蕆厥事登斯樓

也但見羣山聳翠羅列環拱溪水縈繞於後有坎窾鏜鞳噌吰之聲余向讀青烏諸書粗識崖畧詔諸生曰山水縈紆人材之所鍾毓也若天之文與地之文合則科名之盛操諸左劵矣諸生韙余言設祠樓上中置文昌木主又迎請后田魁星神像置於木主之後春秋佳序諸生十餘輩具牲牷粢醴而拜祀焉從此星精降瑞山澤效靈魁奇忠信材徳之士蜚英聲而騰茂實輜軿青紫如拾地芥人文之盛胡可量哉

桂香堂記

知縣 闞學優

九都竹口庄有桂香堂盖田生得元兄弟所築也其堂背擁高峯面臨溪水饒有幽趣堂以外竹木環圍森如也堂以内石徑曲折奥如也堂主人率子姪輩讀書其中凡耳所接者惟是風聲水聲樹聲鳥聲而八籟之紛紛雜雜寂然無聞也目所見者惟是山影雲影月影花影而塵世之形形色色歸諸無有也時而無事堂主人呼童汲泉煮茗略沁詩脾否則向古鑪裏添一炷香盪滌胸臆時而客至堂主人又相與論史唫詩摩挲古帖否則在石枰上布一局棊盤桓終日傳曰百工居肆以

成其事吾儕讀書而無其肆學問有成者鮮矣田生而築此堂其即讀書之肆也夫是不可以不記或曰堂名桂香以堂前植丹桂數株故名

登雲橋記　董敦禮

蓋聞夏埀除道成梁之令周載徒杠輿梁之規雖屬蒞治之微實關王政之大彼夫鄭濟溱洧小惠未周即如詩詠淺深大川難涉所以洛陽費一千四百萬之多建工於醋字秦坂立三百六十丈之架壓念於枕邊況造之久而壞於俄頃路之衝而行者甚衆興工修葺有不

能已者慶邑北門外向有登雲橋遐邇咸蒙其澤士庶欲永其休詎料戊申五月爲洪水冲塌以致石板隨沙湮沒農商徒涉往來興悲幸賴邑中紳士吳飛雲姚宗洙吳登雲等共勸斯舉集腋成裘不日工成踊鵲塡之勞瘁擬虹帶之駕空造修如舊堅固比前總計捐輸之項猶存數十餘金續置橋田永作千萬年修理之費豈特一時之欣頌也哉乾隆己酉季冬

繼善亭記

訓導　王壇

亭之爲言停也停集行人少休息也慶邑在萬山中谿

逕紆折行者難之然約三五里間必有亭其中可避風雨弛擔負片時小坐疲者忘瘁亭主人之意其在斯乎今年秋上舍生葉裔滿建亭於邑西北之祝家洋不惜厚貲不籍衆力何其壯也生家世忠厚乃祖作遴公樂善好施閭里咸稱長者余每覽邑乘慨然想見其爲人使公而在今日安知此亭不成於其手生之所爲豈非心公之心事公之事哉因以知公貽訓之長而生之素行淳朴有自來也乃爲之名其亭曰繼善旹嘉慶十年孟冬穀旦

重建節孝祠記

教諭　吳江

從一之義婦節凛然惟有守者爲能永貞而不變是以

聖主重之凡屬郡邑咸立祠設祭以褒苦節典誠優也慶邑節孝祠建自雍正五年歷久摧頽無從修葺嘉慶九年邑侯黃公有志更新商及余輩余輩願襄其事因集邑中紳士相與籌酌意在集腋議未就黃公以公事晋省誇入浙闈校士無暇辦此今年春量移永嘉匆匆命駕去一日羣坐蕭齋論及斯事因愀然曰黃公有其志而時與事違余輩同其志而力與願左恐自此中止將

使潛德幽光與耆雲同其變滅余輩之愧亦都人士之憂也適座中有姚生名鸞者毅然進曰兩師以黃公之心爲心生獨不能以師之心爲心乎師且勿憂生請肩其任余曰生之意誠善矣余獨何心能不滋愧哉生又請曰生之心師實啟之師之事生代承之何必以資不出已爲芥蔕嗟乎生言及此余復何言余惟拭目以觀厥成已耳舊祠在文昌廟後湫隘幽僻擇基於武廟舊地以其事請於邑侯劉公公嘉而允之乃庀材鳩工經始於閏六月三日兩越月而落成焉建堂三楹高閈閎

厚墻垣棹楔輝煌規模式廓大異曩昔當締造時與寅友王蔚堂過其地見其指揮於烈日中孜孜忘倦蓋惟不憚勞不惜費宜其結構鞏固可垂久遠也夫且祠倒通衢邑中士女往返其間尤易觸目驚心其於激濁揚清則又有深意者存姚生爲人端方謹飭然諾不欺常思以名教振勵頽波故其行事有大過於人而爲人之所不能爲者嗚呼難矣余既嘉姚生之義舉而深慚余輩之無能爲力也因直書其顛末以志吾愧且勸來者

節孝祠記

知縣 劉種桄

維歲之丙寅六月姚生鸞建節孝祠成乃擇吉安位祭告以光潛德而妥厥靈焉美哉斯舉也揚死者所以勵生者姚生於是洵可謂知大義矣蓋夫婦爲人倫之首壹與之齊終身不改禮也然而青春失志皓首完貞嗚呼難矣歷艱辛受危苦百折而不易非節操天成其孰能與於此者恭惟

聖天子整飭紀綱肅清風化令天下郡縣設立節孝祠以時祭祀振而新之有司之責也表而宣之司鐸之任也姚生獨引爲已事豈不大有功於名教者哉吾因之有

感吾慶地多山其民氣朴質而少文醕厚而不偷宜乎貞節之婦往往出於其中志乘所登固已廣搜博訪而深山窮谷間保無有隱而不揚者乎茲祠成則凡完節於生前者皆得入受歲時之享是以姚生立之神主而不列姓氏非從畧也期無遺也是舉也前令黃雨堂與兩學吳萬山王蔚堂倡厥議姚生力厥役余適覯厥成故樂得而嘉許之聞其多方力行諸善不倦殆所謂作德日休者歟若夫相度之當營造之精與夫不吝財不辭瘁吳萬山已覼縷言之故不復贅雖然萬山始其事

乃不自功而反引愧而獨歸其美於姚生彰善之道也表微之意也

育英儲英二莊清田記　知縣　呂璜

處州僻在萬山三百年來人才藐不如古盖其地磽瘠其俗簡陋鮮有冥心於學不以衣食撓其志者邇年並鄉薦之登亦且銷歇無聞今大守瀹莊先生憂之厚旌別輩師儒嚴考課矻矻然集十邑之秀而親爲口講指畫者於今四稔亦既觀感淬厲烝烝丕變矣乃先生猶以此邦距會垣千里省試者或艱於貲命屬邑各謀公

用所出垂久遠以爲賓興費癸酉秋璜攝慶元篆甫謁見先生則舉是以相屬璜下車簿書稍暇進材子弟訓課之諸生亦若以璜爲識途老馬斷斷濟濟勃其業而請益日常不虛於時適當大比秋試諸生各已擔其簦以去行李之往來佽其匱之殊未遑也居無何考邑乘得青英儲英二莊繹所由創嘆前宰程公所以造士者甚厚且殷又以知二莊各有田若干畝所爲賓興之費程公固已籌畫之詳乃究其租入之存則虎而冠者或攫噬而爪分之秋戰之士走乞餘粒得十一於千百則

噤不敢言乃反以爲幸其他文弱士甘食貧居賤思一奏其技不可得赴試嘗不過數人田雖存而無禆實用不知幾歷年所矣璜謹爲之按籍而稽召佃而問履畝而稅得大租乾把凡三百有九十冬運倉舂易價納課挽輸設祀去五之一每歲尚存白金以兩計者四五十焉出納鉤稽田之區佃之名氏勒爲成册藏之官司而聞於太守或以是爲久遠之圖未可知也因思夫自古有治人而無治法利之所在弊必因之程公之爲二莊也以養士也不意其一興而一廢其爲是田也以勸士

也不意其名存而實亡其擇人而董其事也慎所寄也不意其侵漁以自飽璜雖清其業更其規附益其不足規爲經理不假手吏胥以期士均實惠材不虛生以無負創建者培養之心以勉副我太守興道育賢諄諄諈諉之意然安知其果歷久而無弊否耶記此以待後之實心任斯土者且揭册書所釐定於碑陰嘉慶十九年三月朔日

增置松源書院田記

知縣 譚正坤

慶邑松源書院自乾隆七年前宰鄒公請撥天寧廢寺

田壹頃捌拾畝復置民田壹百陸拾伍把爲諸生膏火資澤孔長也嗣因水患冲刷過半歲入不敷經費欲多士京字充腹以精其業戹難何地無才絀於栽植誰之咎歟予五載以來留心培養爰以入官銀壹百肆拾兩囑明經姚涵增置粮田柒拾把稍補不足契券粮單存諸縣卷惟願諸生爭自濯磨不爲一隅所囿若擴而充之誘掖而獎勸之更有望於後之宰斯邑者

知縣 樂 韶

育嬰堂碑記

善量其無涯乎曰有孟子曰君子平其政焉得人人而

濟之然則其有涯乎曰無孟子曰今人乍見孺子將入於井皆有怵惕惻隱之心夫惻隱之發非所以內交於孺子之父母今以見棄於父母之孺子而望見收於乍見之惻隱爲善者將毋窮知其窮而必思所以收之則豈濡手足焦毛髮之爲哉必豫有以待之此惻隱之本量也故無涯余初攝篆慶元與書吏百姓等相見面問疾苦鄉紳士父老以民俗蠢蠢溺女之風未盡革除愚夫愚婦怙不知怪雖孚粥而膺攫之則譁然怒子女蠕蠕胎娩之餘棄如塵土鄰里莫之顧且相倣效嗚呼忍

人也吾何樂乎有斯是用痛心疾首思復修育嬰之制以收蓄子女爲全活之計會紳士亦以其事來請謂其費不外乎捐其義要歸乎勸故斯堂之建不崇朝而議已決嘗考兩浙育嬰堂記

國朝順治初益州馮相國奏開於崇文門外畿南數百里口哺手繃者日接踵至及益都致政還里宛平相國復繼之而其式遂遍天下明季寇氛蹂躪民不聊生我

朝定鼎之初急謀撫字誠求之隱浹髓淪肌良法美意爲海內式顧非通飭中外動撥帑項也便宜行事在司牧

者之用心而已慶元舊有堂在右龍山下義民朱君相捐田以實經費厥後田沒於水屋亦頹廢紳士請以埜塘巷口官基爲建堂之址查照金華縣成案通詳定章各憲報可前後共捐錢若干緡田若干畝并捐剖寺院餘產若干畝始事於道光二年二月訖道光三年三月上浣日而落成乳婦報稱中路之無常聲者襁褓間至爰乃遴選紳士考定舊章爲育嬰堂規條壹拾陸則付司歲司月者鐘攝而稽察之事旣縉會奉札調入省旋署蘭谿慶元紳士猶月以收養登下具書來報備言嗅

咻之聲達於堂外保赤之政畧有成效應請勒石以紀其事余惟法令之初防範周密積久易弛孟子曰無惻隱之心非人也美而暢之於諸紳士有重賴焉且有厚望若夫前後勸捐兩叙及各憲申請批繳之文邑善士分別旌奬之典另刻册卷俾流播鄉曲通知𥙷例并望蒞斯邑者詳愼而修明之庶梏著鄰屬有相繼奉行者用以廣布

皇仁上彰憲德下繫民命則善量無涯豈徒慶元赤子之幸哉

育嬰堂記

知縣 黃煥

慶邑育嬰堂久廢前任曉園樂君攝篆之初他務未遑即以斯舉爲急急倡捐樂助不數月而堂成以不忍之心行不忍之政於此見其一端矣乙酉夏堂董事吳君登雲等挾其前擬規條索余加序俾付剞劂遍傳永久其意甚善不禁爲之歎然曰余來視於茲兩越歲矣徒聰絶塵於前馬蔑由接軫於後車內自慙焉焉能更贅一詞乎而諸君復諄諄以請不已因閱其前規有未及議者續增給米給錢收養領養二條並列於後非敢妄

自更張亦期一得之助云爾道光乙酉夏五月既望

重建育嬰堂記

知縣　吳綸彰

周禮大司徒以保息六養萬民一曰慈幼鄭氏康成註云三人與之母二人與之餼月令仲春之月命有司存諸孤自古帝王心誠保赤亦罔不首先爲兢兢我
國朝愷澤旁敷老幼得所諸大吏咸仰體
皇仁諄諄勸諭凡禁溺女畜遺孩法良意美亦云至矣慶邑向有育嬰之所歲久頹廢前任樂公韶慨然興舉進邦人士而謀之咸踴躍樂從擇地諏吉制甚精嚴後黃公

煥復添堂規二條區畫章程視昔更詳且備庚寅春余攝篆茲土每逢朔望監放月糜喜其堂宇廊房倉厫井竈規模宏備爲鄰近冠心甚嘉之且慮其畜養日繁經費或絀爲之另籌擴充捐廉倡率飭紳士廣爲勸助未既董事以捐成銀數來告爰復造乳婦房一棟上樓下房共十二間設嬰孩衣裙四十套自辛卯春迄壬辰夏添收遺孩二十五口連前收共貳百貳拾口零由此隨時捐收再有餘積增置田産以裕永久其功德又當何如耶顧是舉也曉園樂公倡而創之章甫黄公補而續

之余又擴而充之至於可大可久垂裕無窮是又賴後之守土者

育嬰堂記

邑人　吳登雲

慶邑北門外白龍山下前有嬰堂義士朱君相捐入田肆拾把爲收養之資因堂宇湫隘租息甚微故堂廢田亦無存識者不能無遺憾焉道光壬午春二月曉園樂邑侯韶慨然有志於嬰堂爰召雲暨吳登瀛王勳吳昌興姚駒姚鏡泉萊之茂等而告曰撫養黎元者邑宰之任也脩舉廢墜者紳士之功也今欲建造育嬰堂於城

南埜堂巷口此仁德之事諸君宜勉行之雲等起而對曰嬰孩有堂以懷之不可無食以養之石龍山下故址前車之鑒也邑侯捐廉首倡價買官項田壹百柒拾把雲等和衷協力交相勸勉隨勸各庵僧並施產後裔孫送庵中餘產總計枋租貳千伍百餘把碩租壹百柒拾餘碩合稅叁百零陸畝柒分伍釐餘養嬰之需已獲權輿矣由是勸捐闔邑信善捐助集腋成裘計得壹千肆百餘千文卽興工於是年夏六月成於癸未春三月其規模形制丈尺工匠木石雜料併妥議善後條規二十

條堂規十四條俱彙入底册存查現收嬰孩二百餘口將來收養生息正未有艾也由是堂構巍峩墻垣鞏固實惠及孤仁風遍洽藉非邑侯居心廉明待人慈愛曷克臻此然我衆同事不避嫌怨不辭勞苦亦與有力焉此日經費稍敷規模略定而盡善盡美可久可大尤有待於將來之賢侯茂宰擴而充之後之仁人君子踵而行之則埜塘巷口之嬰堂自不致如石龍山下之有初鮮終矣云不揣固陋謹述其事之顛末而爲之記

修磨手嶺暨建亭閣記

知縣　黄　煥

括州領縣十惟慶元距郡最遠重岡叠巘跨連閩越而城西二十里之磨手嶺爲由慶達閩之要道尤陡峭高入雲際自下而上積九百餘丈登陟者側足僅二尺許猱攀蜡緣一步一頓行者苦之嶺之盡處舊有亭廢經脩葺近又傾圮不堪憩息矣邑之上舍生姚園者慶元望族也樂善好施自其祖若父巳然而生復仰承世德力行善事舉凡濟顛扶危者靡不毅然爲之迺者慨是嶺之亍彳難行也欲重闢之告祖若父咸曰善於是捐鏹鳩工鑿諸險隘更甃以石前之濶僅二尺許者今則

廣至五尺焉且也於其巔建大士閣外翼以亭顔曰世美於亭前鑿井以汲時虞不給復疏泉於亭後之石罅間覓引三百餘丈宛轉入厨並捐田若干畝爲往來者茗飲之需凡靡費一千八百兩有奇予前慨世之擁厚貲者媮衣豐食幸以華後相高至於人之困瘁艱辛則隔膜而不相恤以視姚生之樂善好施得無愧乎夫利物爲立心之上善濟人即種福之良田如姚生者不惜多金廣此宏願向之尺行寸步者一旦化險巇爲坦途於以知生之用力爲甚勞其所以慰祖若父之心爲甚

篤而其爲功亦甚鉅矣況姚生以年少而行善伊始郎能成此鉅功異日之擴充善量以光大其世德者其積愈厚而其流愈長也是役也始於道光丙戌之春迄戊子冬而工告竣吾知後之過是嶺者登其亭摩挲竹樹將比之造八萬四千塔而祝頌無窮矣美哉斯舉也

重修太平橋記

知縣 吳綸彰

慶邑之城西有太平橋爲附近居民往來孔道其始作年月不及詳攷之前志其間水火相尋不無敗作然皆因陋就簡每當春夏之際大雨時行溪水暴漲迄無完

圮至乾隆間邑人架木重修至今復四十餘年橋固在也而蹴踢者若不敢前行人仍昔跋涉壬辰春吏請余倡新之若恐倡者之易爲謀而繼者之限於力也紳士姚君鸞聞是舉而請曰是不必爲使君慮鸞當獨爲之因年老艱於步（時年九十）乃命長君樹德捐貲而鳩工焉樹德體父志不辭勞瘁傾者建之隘者廓之不閱月而工竣寬厚視昔有加且捐租若干把以備修葺於是往來斯橋者莫不歡欣鼓舞以爲今而後可免蹴踢傾覆之患矣余聞而歎曰人之好行其德者類如是哉夫九月

除道十月成梁此王政之大體也昔持地菩薩於一切要路津口田地險隘防損車馬悉為平塡或作橋梁或負沙土勤苦無量得入二十五圓通聖者之一此釋氏功德之說也福田利益儒者所弗道姚君是舉也固未足以見其全體而論者樂道其父子平日類皆濟急扶危樂善好施及窺其門太和翔洽子若弟循循然悉有規矩僉曰此功德所致而吾曰不然今姚君父子世濟其美方將宏願廣施濟人利物使後之子孫體此意繼承於勿替而豈區區杯勺間自鳴得意為邀福計哉此

可知其善量靡窮而天之報施未艾也然是役也爻也樂善子也克承皆宜光之簡册以示來兹橋既成余樂爲之記

魁星閣記　　教諭　沈鏡源

慶元學舍在邑治左龍山西畤松泉北流其形勝最爲雄秀宋大觀朝劉元鼎大廷對策以第一人魁天下士嗣後陳獻可由神童科特進位躋宗伯胡紘由教官科超擢秩至列卿文章勳業彪炳一時光昭史策最後崇嵒時王伯厚先生擢上第後官給事中建言時事有古

大臣蹇諤風讀文山先生卷嘗以忠肝義膽識之見諸史策所著小學紺珠玉海困學紀聞諸書悉爲後學模楷然則事由人傑亦本地靈今兩齋中規制宏備大堂上奎垣閣尤爲占勝據形家論一二十年後上元甲子必有奇才異能之士踵而崛起如前人者前馮珠航先生作詩紀之良有深見余於拜謁之餘憑欄遠眺覺巾子霞帔諸峯蔚然深秀環列窗牖間爲之欣賞不置且嘆前人之創建斯閣者其功良不朽也查閱志乘閣建于乾隆辛卯年前教諭王炳訓導程玉麟倡建之前訓

導胡曾肇有記今余復綴數言于後

重建阜梁橋記　　教諭　沈鏡源

自來輿梁之設所以通商賈濟行旅也慶邑竹口最爲巨鎮且地隣閩省松溪諸邑最爲往來要道舊建橋梁累遭水激行人病之道光癸未紳士吳君恒懃等首捐百金爲倡衆亦踴躍樂輸計洞有三上加蓬蓋以禦風雨寒暑規模宏偹木石堅固計經費千有餘緡誠盛舉也告成後同里貢生田君嘉修榜其上曰朱王伯厚先生故里以誌先型余赴郡往來過之深爲之望風景仰

且見茲履坦利征民未病潑深嘉都人士好善樂義者多其利物濟人之功甚宏且遠古云太上三不朽首立德與立功庶幾近之爰援筆樂爲之記

重修崇聖祠記　　松陽教諭　許惟權

今天子以仁孝治天下推廣其錫類之至意追王及於五世此其生民以來未有之聖人亦生民未有之曠典也權秉鐸松川修廨舍舉義學以諸生時勤課讀爲率不數月奉　上臺檄攝篆松源其地與松川相距五百里餘至之日卽謁見　崇聖王木主側列於其中心竊

訴之詢之門役則云祠宇久廢姑爲之合祀於此權壁然不自安以爲長幼有序不可失也尊卑有文不可廢也今使子坐　官父列傍室長幼卑尊之禮將何屬乎若任其傾廢而莫之動心焉於報本追遠之義殊未協也爰進諸生而詔之曰教化者王政之本學校者立身之基爾諸生身膺宮墻列食廩稍日旅進旅退於橋門之內乃於根本之地漫不加意是無以率之而遂因循窳廢至是乎則一祠不可不亟爲之建也固莫不以吾言爲然而諸生中有吳生名爔者尤奮欣趨事亘任鼎

新獨建郎於祠之故址披荆斬棘相其位置度其高下磚石瓦甓之需不需時日而祠成遂迎木主而奉祀於其中琴瞻之下可以想如在之誠并以識孝先之意且以沐仁孝之治而秩然於此見長幼卑尊之禮讓乎於此著報本追遠之義焉權既樂祠之復建將返櫂松川深嘉吳生之好善足爲士林表率者特爲之記乾隆二十八年孫國學生吳建謨修

王伯厚先生故里記　　田家修

先生諱應麟字伯厚號深寧居士登嘉定戊辰進士官

至尙書咸淳開慶間以博學雄文聞於時所著書有玉海集四書論語考異困學紀聞小學紺珠深寧集王尙書遺稿及三字經地理考等書行世邑父母　樂侯甞語余曰慶之自來人物必以伯厚先生爲最先生居敬窮理道學闡濂閩之蘊陶淑於吾徒之功至溥故至今海内之士無不知有先生者其視仕宦而至卿相衣錦還鄉生榮死沒者蓋大有間前令有以宋給事中爲先生表里居者毋亦於細大之義有所未審歟先生固道學中人也　侯去任之日余餞　侯於詰朝復語余曰

他日橋成題匾當以余前言爲伯厚先生表厥宅里弟勿踵舊令所題云云也且諄諄命余爲之記弁以表侯闡幽之意余維古今可傳可誦之人如先生者真可爭光日月重桑梓而壯河山之色觀其薦文山先生文卷古誼若龜鑑忠肝如鐵石之語謂非知言養氣道學之既深能於語言文字中决真人品也哉余不敢不敬承 侯命爰綜其一二大端俾往來觀者咸得先生之爲人且以誌余之嚮往觀者毋以爲僭道光甲申年七月既望

重建節孝總坊記　　姚文塏

竊維
國家彰善牖民明倫敦化忠義而外尤重節孝方今
聖天子矜恤孀閨無微不至令天下州縣立祠設祭凡
經舉報准建總坊俾僻壤窮嫠存歿得邀
榮寵此誠生民以來未有之
曠典也慶雖僻邑而婦女節烈頗多塏先祖志切褒揚
嘉慶丙寅建節孝祠於縣之后街安位致祭惟請
旌建坊非有力之家不辦近幸遂安洪子泉先生上體

皇仁之廣播下憫苦節之久湮創立兩浙節孝總局於
省垣俾十一郡賢士大夫得以隨時舉報一切經
費悉由局中捐辦不取節婦分文誠爲吾浙之大
善士也歲辛亥邑侯鳳公蒞茲土首以闡幽爲急
務捐廉設局會同儒學湛洪兩師舉董採訪彙集詳
報而我邑節孝貞烈婦女得以
上聞者統計四百八十六口咸豐元年四月詳報二年
十二月奉
旨依議欽此從此茅檐苦節悉沐

褒榮泉壤貞魂亦邀
光寵矣但不就地方建一總坊不足以體
聖朝表節維風之至意爰商同家叔冠首先倡捐並邀
集親友吳漉姚樹欆吳濵季占雲王登朝季占衙
禀請邑侯　李公給發印簿酌量勸捐購買坊基
於豐山門内建立總坊謹將各節婦姓氏按次彙
列以表既往以勵來兹坊既成塏樂爲之誌以繼
先祖之志云歲乙卯季冬月

周氏祠堂記

知縣　鄒　儒

西隅周氏松源望族也其祖自别公于勝國永樂間由山陰孝廉秉龍泉鐸愛慶元山水遂僑居焉遷族以來子姓雖未極繁衍然彬彬雅雅咸有先代遺風書香繼紹貢明經而列弟子員者又指不勝屈康熙甲子歲歲薦君亶明曾修譜牒源流支派明晰如指上羅紋至乙未歲選薦君大訓復詳加增訂勒成一書獨三百年來祠廟未經建造尙爲缺典也歲辛酉周生九成大京大觀大淇宗濂諸叔姪謀諸族人爲創始計不數月而遂

落成一堂兩廡規模厰然較他族之卑陋湫隘實爲迥别秋露春霜將展孝思於勿替因顔之曰永思堂夫人之有祖猶樹之有根也根本深厚則枝葉自茂今衆子姓殷然以妥祖靈爲念則培植既深而庇蔭自無不茂盛矣抑予更有說焉先儒有言曰建立宗祠不獨可以分昭列穆妥享先靈抑且可以講讓興仁垂訓後裔今誠於祭享之餘每於吉日大集子姓於祠内卑者各以次序立尊者先捧

聖諭暨　律令詳晰宣示復將　祖宗所遺之家訓逐一誦

明俾衆子孫咸知國法祖訓之具在消彌其不肖盡易爲仁人君子之行是風俗之轉移胥於尊祖敬宗之地裕之矣將來或有理學人文蔚起有厚望焉

東隅重修馬侍郎廟記

知縣 湯金策 酉山

觀祀典所載苟能禦災捍患有功于民雖身名隱約徵信無從而浩然之氣充塞天地者無往而非神古今來山川里社雷雨風雲靈爽昭著澤被生民曷嘗盡布方策立功立事于當日哉慶元后田鄉馬侍郎廟父老相傳侍郎爲五季時人百丈山馬氏女仙卽侍郎之女弟同證仙果第稱以侍郎豈曾筮仕于往昔與然竟無考其廟自前明天啟以還歷數百年不廢其神應式憑慶民咸受其福者不可勝紀故凡歲時伏臘黃童白叟擊

鼓吹幽水旱疾疫有求必禱有禱必應焉夫神之視聽在于民而民之誠敬感于神精神命脉一惟神之是依宜其人和年登而神降之福也廟歷年既久將次傾頽邑人某某鳩資修建煥然一新余卸篆往宰宣邑瀕行有以神有姓無名而問記于余者余曰侍郎之神在天下如岳瀆之在兩間岳瀆果誰名耶更作詩使時祀以歌之曰岡巒環拱松源鄉標奇挺秀甲栝蒼神峰百丈隱丹房服食靈草飲瓊漿兄弟飛昇上玉堂下視民人或如傷停[illegible]鶴東隅旁顯著靈威虎遁藏驅遣疾疫

民樂康嘉穀瑞麥盈倉箱仁澤下被遍四方斯民瞻仰
維侍郎春祈秋報歌吉祥重新廟貌發輝光青山蒼翠
溪流長爾民嘉樂正未央

新昌社田段

一段坐落洋塢礱大租捌拾把一段坐落洋隱坵大租壹拾伍把一段坐落后田門大租壹拾伍把一段坐落古樓廟洋大路下礱坵大租壹拾肆把一段坐落楠兒洋心大租肆拾把一段坐落南門外貓術洋大租貳拾捌把一段坐落白鶴圳對面大租貳拾把一段坐落白鶴圳路下大租肆把一段坐落四都黃田亭土名霹靂坵大租壹拾把一段坐落大坂洋烏墩大租捌把一段坐落大坂洋烏墩大租貳拾捌把一段坐落塘凹大租玖把一段坐落周墩天馬大租壹拾把一段坐落后田書堂門大租肆拾貳把一段

坐落大坝湃八角亭及大路墘大租肆拾伍把又錦
水橋上店五值又錦水橋下溪両店一值共坐田稅
三十六畝九分正

文明塔記

余爲建閣肩鉅方晝權輿忽聽叩門聲童子以羣客數十報倒屣迎之向余言曰閣不如塔請如傘衆舉成一鄉鎖鑰余慮綿力不敢時辛丑十月陽正開朗次日陟降巘原咸擬小頭巖爲勝余視其形勢廻環當我鄉之捍門頂開小坦若得一峰揷霄將與雲屏對峙隱映間恍有一塔者然是夜竊聽羣聚紛紛惟以建塔言越三月遂如傘舉之議尚有慮焉塔基須得巨石從山頂至下壑絕壁峻嶒卽有巨石豈人力所能升余鬱鬱者累

旬一日復抵山匠四敏爲余指曰咫尺小竹叢中似嶢
嵲或得石未可知隨舉鋤試之石果中欵彼時倘謂不
爹遺也次日動大衆伐去其叢竹大衆鋤泥内得石一
筐方正如敦琢每一石計可八九十人扛觀者稱慶加
額連日採取初則厚重堪爲下基次則稍扁似棹次則
纍纍堪補石孔其外更無一石矣非神運奚能及此卜
吉者以塔與閣同向坐豎柱并議十月廿四或謂閣塔
需工不知凡幾且塔柱長而大恐中分則薄不敢改之
余曰天與人以時應一時並豎是日雨雰雰半夜稍霽

强有力者奮臂以待忽瓦窑中雞鳴齊曰雞首唱矣卽叫呼大舉半時枉不得起僅尺許諏謀不知所計忽重霧溟濛祇見桂首昂突若有提挈者刻餘起立少頃霧散放出日光千炬閣中金鼓相應奇哉謂非神乎是夜虎從塔中吼識者謂雨者龍吟得此爲虎嘯日中麗明則近光徵也塔成計濶二丈四尺七級并頂高六丈四尺內與二百四十函蓋頂曰祇見紅日生輝漸出圈子數刻從未見也是夜又得月華祥瑞蓋奇徵種種矣顏曰文明塔改小頭巖爲梅花嶺應與閣並記焉

重建無疆堂記

知縣吳綸彰

慶邑向設無疆堂，歲久頹廢，舊額僅存。余下車後訪問邑衆，知曩昔供奉
萬壽龍牌爲朝會祝釐之所。因商諸寮友，急謀興建。進邦人士而詔之，爰各捐廉，諏吉興舉。得紳士姚君鸞首捐金五十餘，亦量力佽助，各有差等。并捐椽瓦者、助榱桷者、願赴工作者，絡繹相望。自庚寅六月興工，不朞月而告成。今創建悉擴舊規，凡添置左右朝房、戲臺、門闕、庖湢胥備。每逢元辰令節，且恭逢

一人有道之慶當文武朝集時父老扶杖而觀婦孺企踵以視使山深地僻之區儼若覩殿陛森嚴衣冠蹌濟與夫朝會禮儀之大甚盛舉也且當朔望寮屬瞻拜宣講城鄉士庶得於斯園門觀聽復古讀法懸書之舊父詔其子兄勉其弟則斯地之關乎禮教法制者實匪淺鮮今紳士復經理租入以備歲時修葺費詳且備焉尤足嘉尚道光十二年歲在壬辰黃鐘月

重修儒學記

貢生姚　涵邑人

自宋慶元三年置縣以迄於今學凡四建考志書初建學瀆田嫌其阻於水轉遷城內又嫌其近於市前明崇正壬申改建今址胡公君宏記甚悉

國朝定鼎以來重熈累洽養士尊賢百數十年於斯慶雖僻處山陬而尊崇

聖教留心黌序者代不乏人雍正六年丁未徐公羲麟倡捐合邑士紳輸費重建明倫堂至乾隆壬辰癸巳間唐公若瀛丁公棻偕邑人余公漳姚公又輝金公鎮張公德

配等復起而倡葺之
殿廡垣墉煥然一新仰門墻者莫不嘆觀止矣嘉慶戊辰
之秋爲蛟水所壞明倫堂　啟聖祠欞星門墻垣板壁
坍塌殆盡有志之士雖心傷學校之廢然卒沮於工費
繁浩力有未逮因循數載莫敢權輿庚午春　坦園鳴
邑侯奉
天子命來莅是邑甫下車謁
文廟目擊神傷毅然爲修葺計乃請於當道咸報曰可遂
捐廉俸偕廣文　叟石朱公　蔚堂王公倡邑紳士齊

力共濟顧不鄙不敏謀及於涵涵思宇宙之大古今之遠孰非沐浴

聖人之教者豈忍使泮宫重地鞠爲茂草乎於是同任事諸君子朝夕從事不敢憚勞鳩工庀材修版築施黝堊舊者新之缺者補之周圍墻垣楦基深而厚其下石也大而固高而彌堅以防水决中自

大成殿迄東西廡後啟聖前櫺星左明倫靡不重加整理肅然改觀又以明倫堂舊有屋一棟可爲諸生肄業地乃復翼以兩廊置崧源書院於其中灶厨椅棹罔不備

具良以舊書院在瀆田課士未便故也今改於此可不謂一舉而兩得乎而要徵　嗚公之力不及此　嗚公爲人寬洪而渾厚勤政事而隆師儒故其莅慶也先以修理

文廟爲亟亟重文教也是役也歷庚午辛未壬申癸酉凡四載董其事者七人襄其事者二十餘人其踴躍而輸資者另懸其額不復贅

詩

五言古

石龍山　葉祥

石龍何蹲踞不飛向天去一口汲寵川吟卧蕪峰邉問仙何年始鐘鼓掛龍耳高高龕之前松亦老多年松子落無數其聲疑驟雨碧磴淨無塵苔花繡冬冬春汲泉烹石髓搴芳拾霜葉水雲氣味酸麋虎共眠餐龍頭明月小龍尾烟雲繞

斑岱山　吳王鐘

萬斛雲濤響白練掛秋空石簸聲飛吼曉日射長虹烏啄時疑雨猿嘯不知風但覔匡廬趣世途塞亦通明珠常噴薄鮫人用不窮終願歸江海長辭泚澗中

松源川　　吳王賓

川勢百千曲濤呼萬古清松老雲氣結龍吟不斷聲誰作濟川手渡子一葉輕岸遠水同濶風恬浪正平竹裏人家小晴峰揷天明沙邊鷗鳥宿朝暮與誰盟

前題　　知縣　闞學優

灣灣復曲曲踏遍古松源川水清且淺夾岸都成村

雲鶴堂　　本府知府高　超

我來雲鶴隨我去雲鶴依蓬萊尚咫尺何天不可飛

前題　　知縣關學優

雲是常時任鶴今飛何處須知鶴與雲無心任來去

石龍山　　知縣關學優

登山山屼嵂躡石石嶙峋恍惚能變化隨屈復隨伸龍首昂百尺俯瞯城之闉龍尾曳千丈環圍河之漘有時雲欲起石怒裂其根有時涎乍吐山淨濕無塵問松何年種都忘漢與秦松老龍亦老片片垂蒼鱗豈知龍有

窟別開洞中春山石自今古賞識曾幾人

鶴仙閣　　知縣　關學優

禱雨雨即至羣道仙有靈依壇搆傑閣千尋接青冥月
靜鶴爲馭風高雲作軿去住渾無定經歲戶不扃

同輩癖山遊石龍山周懷甯治具招飲豐樂亭

本府教授　張　駿

松源投客館坐卧對石龍經旬沮霪雨但見青濛濛今
晨忽開霽游興乘清風出門占同人杖策欣相從曲磴
鎖蒼靄夾峙皆虯松孤亭山之半萬象羅此中羣山亦

龍族一一朝其宗載登梵王殿飯後罷撞鐘壺觴辨咄嗟羅列肴何豐循環縱拳博奕觳交談鋒餘酣潄仙井甘洌開心胸歸歟發長嘯斜陽掛高峰

登半天嶺　王元衡

高峰揷蒼天標奇五岳外攀緣登絕頂始識乾坤大呼吸帝座通彷彿聞仙籟俯看波洶湧百川若交會日出萬象澄清風掃埃壒乃知非波濤下方雲靄靄

七言古

石龍山　季時芳

石龍山色何龍嵸，芙蓉片片開晴空。蜿蜒迤邐下林麓，惟石壁立倚長松。長松聲聞元帝闕，石龍昂首如端笏。梵宫林樹鎖昏霞，濟磬疎鐘墮曉月。懸崖小洞可藏春，修竹斜穿苔逕勻。仙人長卧不知歲，閱盡世上古今人。借問佳勝誰闢剖，南國樊公五丁手。搜奇歷歷到如今，可比栁州栁太守。躡屐不盡看山杯，淩虛作賦日徘徊。山靈于今重生色，令人千載仰鴻裁。

巾子山　　徐道源

八月二十有五日，雲起薰山甚奇特。烟收四望碧天晶

忽見空中呈五色初如飲澗一長虹倏變彩橋三道亘
北山之北巾子峰橋跨兩山幾千尺仙人税駕固不疑
亦是鄉閭好消息春風早晚狀元歸先是祥光動塵陌
後來接武應有人寄語吾儕勤着力

松源山　　季炘

環城山作障松源山更奇虬松老歲月不辨秦漢昔古
柯疑化石干霄雲影碧亭亭積翠緣生烟斜曛返照幻
蒼赤一泓澄澈寒潭空林際殘陽倒影紅千郵烟火傍
山麓一曲清歌調晚風君不見古來名勝洵多美物色

無人終爾爾又不見子厚當年好搜奇名山終古稱知已我來登眺復啣杯一派松陰入望來陶然共醉松山下新月盈盈照晚回

百丈山　　吳運光

百丈高峙城以北霞屋雲樓深莫測千峰萬峯擁層霄長天倒映青紅色我來振衣越其麓絕頂摩天一極目崖泉飛雨白日寒烟山點點皆羣伏惟有層岩香露新當年蜕化玉爲人蛾眉不受人間妬採藥山中别有春一自青虬入丹府鏡色埋秋光無主石磴猶留舊帶痕

林梢彷彿霞裾舞君不見名媛幾許藏金屋百歲星霜
掣電速但見蒿邱卧麋鹿何如身乘彩雲歸名伴山青
與水綠

前題　　余鈞

層巒四塞割昏曉百里山光青未了惟有城西百丈山
一峯獨俯羣峰小靈石嵯峨高千尺中有懸崖與峭壁
高磴危梯躡飛禽晴日當空真蒼赤我來覽勝方年少
一觴一咏一長嘯曲徑通幽多白雲龍湫古井恣登眺
憑誰指點覓仙踪刀尺履痕石邊逢竟日探奇奇何限

烟嵐杳靄若爲容自來勝地尋幽草萬籟沉沉秋覺好
名媛一去幾時歸空山無人終不老

白馬山　吴王眷

東山矗矗奔雲下行客傳呼爲白馬雲生毛鬣向風嘶
霜蹄蹴踏花滿野山花爛熳穿林緑錦鞚雕韉馳駿足
隔溪啼鳥奏清聲夢回馬上聞新曲吾聞兹白之馬來
西方萬里一息忽騰驤局促轅下詎足數胡不追風逐
電如飛黄

百花巖　吴麗明

危峰孤高勢湧出
韜霞揮雲礙白日
我攜筇杖躋其巔
萬山攢翠森森立
高臺落星橫千尺
不見黃冠相對奕
崖邊靉靆罩流雲
乱石下楸枰撐牲石
流雲惟石掩蒼苔
昔年樵子不歸來
金楹綺樹知何在
但見燦爛百花開
花迎野徑鋪秋色
姹紫嫣紅紛似織
依稀當年洞口桃
散落山南并山北

將軍嶺　　吳勷

天上何年落將軍
憑高踞險勢凌雲
無邊壁壘蕭蕭合
四顧旌旗冉冉飄
我今且隨將軍度
黃茅白葦紛無數

墮馬巖深踏寒雲落魂澗曉迷烟霧一彎過盡復一彎
回頭不見嶺南山憶昔戰敗馬陵道而今且過鹿門關
將軍對我黙無言啣枚疾走真可憐汗流浹背猶未已
道逢梅樹口流涎我願將軍聊駐馬豈願將軍數舉鞭
行盡六步與七步直陟關頭分去路將軍送盡往來人
坐鎮烟嵐億萬古

前題　劉光魁

巍然大嶺名將軍凴高雄踞于青雲壁壘重重勢嚴肅
棘門灞上何足云衆山崥崹如慴伏校隊駢羅紛部曲

森森萬木植戈鋋長松千尺元戎纛野花艷艷遶山隈
如荼如火紛作堆兜鍪切雲長纓麗赤甲耀日金鱗開
時清百室皆安堵從此將軍不好武名山有約儘盤桓
數聲啼鳥來花塢

遊石龍山　　教諭　章觀嶽

石龍山高登半天雲日暉映共留連横空直上勞躋蹬
俯瞰村落萬井烟松濤入耳吼嵓壑層嶺奇峰類劍鍔
山中忽遇賢主人危亭把酒瞧日落興酣欲作竟日遊
仰觀飛鳥鳴啁啾摹碑淡字尋古跡豪吟長嘯山之幽

昔賢詩句教我讀流覽篇章珠百斛山儂不識何姓名
羽客仍披古衣服吾本甌江慣乘船忽來此地遊逍遥
海門烟水空萬丈不見扶桑聽採樵

謁陳夫人廟　訓導　胡曾肇

城南有廟峙山麓巋然新宫駭遥矚古柏參天黛色濃
柯如青銅盤屈曲森然魄動謁仙靈廟令言是陳夫人
古田有女行十四生而正直没爲神夫人降生唐大歷
宋封順懿褒坤德閩嶠咸蒙呵護靈濛洲更荷吹煦力
廟宇不知創何年萬歷重脩故老傳神光昺奕歷久遠

歲時致祭禮爽愆祈禳報賽紛士女酒清於罇殽列俎
雨暘時若疾癘消弭有寧馨神賜與紅花醲面祝中閨
夫人之靈陰佑之日襄風前紛跳走暗中神力爲扶持
衆心感戴神功溥廟貌重新闢堂宇文榱鏤檻塡青紅
璇瑩高敞薦歌舞日之吉兮神出遊翟雲芝兮揚綵旂
華鐘聲鏗鼓嘈嗽燈光艷艷明山陬廟後青巒勢崔崒
廟前溪水青湍急山高水長爽終極萬載千秋綿血食

登半天嶺　　季學勤

古云地之去天億萬七千里有奇荒唐之說殊可疑誰

將尋丈細揣量上窮碧落下平坡嶺名半天復何據祗言峻絶無等夷積雨新晴秋氣爽同心數子摳衣上前見履底後見頂石級岩嶙時攄掌凭高四望逈無垠衆山崱屴羅兒孫縹緲恍聞仙樂奏翕忽如見雲旗翻吾聞宗動之天爲最高剛風日夜鳴調刁此嶺已在天之半森踈萬木聲蕭蕭神寒骨冷不可以久駐如何九垓之上恣遊敖

五言律

薰山　　知縣　程維伊

極目薰峰麗逶迤陟翠微經春山作黛積雨石生衣壁峭捫蘿磴樹深認竹扉仙橋何處渡冉冉白雲飛

石龍山　　知府　周茂源

忙裏登山快囂塵淨此間摩霄雲影落捫壁石苔斑樹杪烟浮碧雲流鳥度關登高慚作賦新月壓眉彎

巾子山　　程維伊

彩雲五色分著莽氣氤氳嶺上迴巒色溪中映水紋參差舒縟錦聚散布元纁莫嘆濯纓拙峩峨渡夏雲

百丈山　　吳潭

烟蘿封谷口轉憶武陵源峭壁雲光羃廻溪雪浪翻鐘聲清俗慮鳥影破烟昏地僻堪留憩寥天掛月痕

題龍湫　吳希點

懸河雲半落誰擘翠岩開瀑吼山疑動濤奔雨忽來飛花侵點筆濺雪照啣杯康樂空躭勝靈邱翳草萊

前題　訓導戚光朝

两崕懸峭壁古色老秦松怪石疑蹲虎靈湫隱蟄龍瀑聲驚雨過仙跡借雲封坐久寒侵骨遥聞隔寺鐘

蓮花山　吳自明

極目蓮峰勝清篠到處聞是泉俱作雨無石不生雲拂
席松陰合侵衣竹色分此間并捷徑安用北山文

烏蜂山　　吳鏐

數折危巒上巍然變大觀村烟來一色泉壁響千端雲
淨清天濶風高白日寒此中堪小隱誰道出塵難

温洋山　　葉上選

青林連海嶠鳥道逼天高古洞長留雪蒼松屢吼濤香
菰搴野藪鮮荇采溪毛别有仙靈藥誰誇阿母桃

廻龍山　　周貞一

紆曲千盤嶺高高雲氣凉崖泉翻雪浪石骨傲冰霜嫩竹迎人綠飛花繞殿香清齋禪誦久歲月坐來忘

淘洲川　吳鎔臣

白雲侵竹徑綠水夾淘洲野燒光連曙疎林響帶秋危橋欹野岸廢寺接荒邱不奈溪流淺無因汎小舟

鏡潭　吳世臣

選勝臨東郭霏微羣欲霑空潭澄玉鏡飛瀑散珠簾竹閣褰書幌花村颺酒帘漫愁歸路晚林外月纖纖

石龍山大士閣　周宣明

高閣俯丹梯攀林路不迷翠屏環列嶂雪浪湧廻溪遠岫看雲出長松聽鳥啼終朝環坐嘯日色漸沉西

望京臺　　季海

層臺百尺餘縱目徧村墟幽思詩陶寫閒愁酒破除花隨春雨盡柳帶暮烟踈何處是京邑迢迢望碧虛

桃洲溪　　教諭徐應亨

一官成吏隱何處問桃源野館雲爲幄山家樹作籓浦烟迷過雁松月照啼猿最愛東岩水晴沙映日暄

普化寺　　江南苹

蒲團禪意好來坐適閒情夜月明無相晨鐘寂有聲奔

天雲絮靜呪鉢火蓮清默默時標指萬緣一粒輕

莊嚴寺　　教諭　張　晋

寥落前朝寺香臺幾廢興祇聞還舊觀誰爲續殘燈經

藏無完帙齋堂有老僧仙禽誰說法不必問迦陵

淨悟寺　　葉方齡

年來躭寂寞古寺縱遊情遠望萬松色近聞一磬聲巖

雲常作侶禁鳥自呼名靜坐蒲團上心同山水清

淨心寺　　周班祿

十載參禪意不離一淨心翻經彈佛火分粒向山禽幻看鉢中影空傳磬外音茶鑪留我處暇日更相尋

大覺寺　推官　顧大典

欲識靜中趣來爲野寺行空門諸品寂覺地一燈明雨過草初茁林深鳥亂鳴老僧相指顧不解有逢迎

雲鶴堂　季灴

傍郭開蓮社悠然別有天人煙浮竹外粉堞掛山前僧老存松性茶香沸鉢泉登樓閒徙倚坐月可安禪

白蓮堂　姚春榜

九春遊勝地，呼杖一相尋。駭鳥鐘初響，藏雲竹欲深。薄寒留水氣，幽靜見禪心。我欲聯詩社，臨風幾度吟。

前題　吳啟甲

癖愛逃禪地，穿雲載酒行。山圍四面綠，泉瀉一泓清。梅雨滋苔色，松風度磬聲。北窗時獨咏，猶憶遠公盟。

楓林庵　葉益章

乍雨溪聲壯，新晴度石矼。遙青連古寺，飛翠撲高窓。鳥下鳴齋磬，僧來樹法幢。不須聞半偈，早已片心降。

萬松庵　陳觀德

蒼翠萬松色蕭齋掃俗氛鹿過花睡醒客到鳥知聞暑看
日冷於月午風淡作雲未容僧獨占清景與平分

雲泉庵　　周自吳

松竹插高峰雪消春始暖荒畦青草盈幽壑碧泉緩寺
僻老僧閑花殘嬌鳥嬾袈裟晒日晴方丈閉雲滿

勝隱庵　　吳壬賓

千嶂簇芙蓉穿林翠幾重斷崖飛雪瀑怪石起雲峯松
吹流清梵猿啼帶曙鐘禪心何處覓不住是真宗

百花庵　　周班誥

西風吹杖屐蓮渚漸漂紅社近催歸燕秋深下旅鴻往
踪留翠巘丹訣乞黃公咫尺鄰仙嶠無勞問海東

前題　　周明新

春覽雲巖勝堪删萬斛愁剎孤鐘正午花滿樹非秋絕
壁佛龕龍隱連雲仙路浮野鶯陪嘯咏莫笑雪盈頭

伏虎庵　　吳松年

松關重復扣清境絕塵埃殿迥涼雲駐窗虛皓月來微
風過竹嶼淺水遶山隈勝景供幽賞寧愁夜漏催

前題　　吳夢犀

覓春開野步坐聽雙溪聲勅鳥爲山主要松與竹盟風顛花未發雲嬾雨初晴事可圖三笑渾忘此一生

清隱庵　葉中柽

遠嶠擎初月晚鐘一水問燈龕嫌佛惰雲角悟僧頹寂寂春堪夢悠悠我共山心聲成五字獨舞乞誰刪

前題　季玠

到此全無暑南風洗客愁煙生迷竹綠響細愛泉流心與雲俱淡人偕山共幽只須生橡栗此外亦何求

天堂庵　陳之錦

深竹隱巖扉踈鐘度翠微猿啼山月出犬吠寺僧歸桂影臨窗動泉聲遶榻飛西來意何限色色演禪機

前題　劉作愷

何處尋蓬島孤峯差可攀野雲歸澗底曉日逗林間客到茶初沸經翻石未頑登臨還嘯咏松月滿禪關

普濟庵　吳王選

翠巘叢儒桂蒼崖覆女蘿山光晴愈近谷響夜偏多説法依龍窟棲禪傍鳥窠老僧殊眷客何日許重過

山岡庵　吳王鐸

石以逡風起盤廻境若疑透迤分鳥道浩蕩接雲旗碑字苔文古僧聾答問奇一泓清可鑑彷彿報鬚眉

慈容庵　吳貞臣

巖窩藏古剎石徑繞溪行雨剥殘碑暗雲開遠岫明鳥隨秋葉舞猿雜曉鐘鳴正喜僧居寂棲禪斷送迎

盤石庵　周九苞

愛此禪居好登臨曉氣清有巖皆古色無樹不秋聲竹裡僧同坐窓前鳥自鳴已忘塵世事但看白雲生

石龍山三官廟　吳之球

山高堪遠眺，岸際隱孤城。群動都歸靜，崎途一望平。人家連水色，霜樹有風聲。耳目何超曠，渾忘世俗情。

順濟祠夏旱謝雨　　知縣　程維伊

雲容薫峰暗，甘霖正及時。郊原清暑氣，隴畝發華滋。澤潤千畦稻，功垂萬古碑。寄言仍叔子，不必賦周詩。

戊午秋日登石龍山　　教諭　徐宏坦

龍山秋更好，九日趁斜暉。刈稻千家靜，亭空一雁飛。酣歌忘帽落，洽臥識雲圍。早報僧黄插，加觴且未歸。

偕諸子遊石龍山　　姚長渲

首夏龍山上到來豁遠眸雲峯開絶巘曙色落青疇攢樹千家小繞城二水流還忘足力倦相與記斯遊

謁馬夫人廟　訓導　胡晉肇

何處昇仙去言從百丈山逶迤留石徑縹緲失烟鬟名列金銀闕靈昭匭梧間蘋蘩時一薦勝境擬登攀

竹口署漫成　知縣　關學優

昔年聽政地幾樹布棠陰愛我婆娑久增人感愧深肯辭陶運甓難得宓鳴琴不寐自終夜前山月滿林

過劉殿元墓　關學優

人已委荒邱名仍萬古留文章推宋代政績著綿州石嶺寒烟淡巾峰瑞氣浮問誰重振起相與繼前修

過陳尚書故里　　闕學優

倏爾高飛去雲霄破幾重羽毛誇似鳳頭角儼成龍名以天官著靈因地脈鍾至今竹溪水猶自繞青峰

七言律

登石龍山絕頂　　知縣李肇勳

岩花野草露漙漙絕壁蒙籠竹萬竿携杖尚誇腰脚健振衣直逼斗牛寒數聲清磬來丹府一片閒雲罨石壇

漫道仙凡終自隔于今拔宅可同看

登石龍山　季烺

石龍昂首幾千尋飛閣凌空閲古今廬舍共欣霑闓澤郊原更喜渥甘霖松巖月映高低影竹徑風吹斷續吟自媿鯫生材謭薄許同攀躋樂難禁

次季生韻　知府　孫大儒

淨土人間何處尋石龍勝蹟古猶今攀登未必遂高蹈游息還思沐法霖霧隱花斑看豹變松摇風韻聽龍吟斜陽忽聽鷓鴣語便覺凄其不自禁

登石龍山　　季鍾儁

冢對龍山看未足興來獨上最高峰四圍遠岫雲光羃一道長溪雪浪衝竹爲雨餘青似染松經霜後翠偏濃人烟燦燦康衢樂歸路遥聞古寺鐘

遊石龍山　　知縣　程維伊

嶙峋恠石象疑龍直駕青雲接九重一抹斜陽明遠岫千竿修竹列孤峯林間好鳥風前囀巖畔繁花雨後濃景色流連吟不盡歸來遥聽暮村鐘

前題　　知縣　鄒儒

石龍曲折逼雲隈偶值公餘到幾回問俗有心尋古跡
逃禪無計托僧媒一城烟火愁中看萬疊溪山夢裡開
兀坐危亭茶盞執渴腸怕見酒杯來

前題　教諭　章觀嶽

幾年岑寂絶貪嗔節屐閒遊老此身越嶺高盤垂鳥翼
攀松直上踏龍鱗烟嵐翠滴山中景猿鶴音清物外春
愧我未能忘世味雨花臺畔漫逡巡

九日登石龍山　吳鑾

我契前賢愛此臺每逢重九剔徘徊亭中作賦烟霞集

嶺上舒懷眼界開霞帔雲山皆北向仙飛風雨自東來茱萸遍揷思無限浩刼鐘聲任晚催

康熙辛酉春月　李父師集諸生於石龍山肄業每逢二日躬臨衡文奉陪一豫亭

吴銓臣

光風萬里拂春臺石磴千盤恍接台下榻自慙孺子望揮毫共識謫仙才嵐烟漫向南溪合花氣還從夾道開人坐松巔雲路近論文樽酒滃瓊杯

前題

季　炡

龍門咫尺接金臺燦爛文星映上台胸有智珠光滿座筆懸藻鑑課羣才蒼波萬斛兼春湧羣岫千層倚郭開雲裡依稀仙可問鳴琴一曲笑啣杯

前題　吳澍

亭高鳥外石為臺何幸登龍近上台崑玉凝姿驚蘗操莊鵬奮翼樂英才風清百里琴聲遠地擁羣山霽色開試問文翁化蜀日曾多旨酒泛霞杯

前題　吳松年

鳥織花封香滿臺聲名久已列三台自慚琢月非長技

且喜登龍有儁才較藝元亭岩壁下載觴曲徑洞天開遥瞻紫氣飛雲外應上龍山泛酒杯

前題 周九如

一曲鳴絃出帝臺明星炯炯動三台衡文羣作登龍望造士能爲吐鳳才澤沛蒿萊朝雨合春廻黍谷夕陽開飯生徒抱緇衣好且向山亭獻壽杯

步龍山諸兄前韻時辛酉上巳辰也

知縣 李東繡

家山之麓有金臺出宰何由列上台毋勸羣生勤爾力

更求多士竭吾才月來天上文心靜雨過岩前眼界開羅雀庭閑無箇事喜君招隱且啣杯

其二

城闉幾曲上層臺羅列書帷近帝台五夜聞聲知爾志十年作賦媿余才延陵有後諸吳出南郡無前一葉開今日登山饒酒興槐黃不遠又繫杯

前題　　訓導　葉　榮

泰山雅望著燕臺司命文章列上台製錦花封多實政作楨　王國育英才自惭振鐸鱣堂冷且喜登龍石室

開諸士凌雲應有志秋香擬泛鹿鳴杯

前題　葉如鐸

花滿龍山月滿臺文星燦燦聚中台凴欄盡是登龍客入座都稱作賦才問字人從松杪出載觴筵傍竹陰開羅源多士頻投轄漏永猶傳濁酒杯

九日登石龍山豐樂亭步李公韻　知縣　王恒

兩度登高到此臺倚欄身欲近三台論文舊有詞宗客選勝新饒武庫才地値豐年欣俗厚時逢令節喜樽開滿前康樂堪娛目況是黃花泛酒杯

前題　　教諭王炳

佳節聯吟擬栢臺懸知此樂勝登台叅軍龍岫凌雲筆令尹松源製錦才亭額兼因豐歲易酒筵客值賞心開臨風悵望偏睽隔座上應餘北海杯

前題　　訓導程玉麟

幾度招尋到石臺攖心疑已入天台從期我負登龍約紀勝君誇倚馬才美盡東南欣座滿風占場圃恰軒開醉翁樂意非關酒百室盈寍侑此杯

大土閣　　知縣樊鑑

萬樹松杉氣鬱葱碧雲深護梵王宫躡虚恍見飛壺客
躭隱疑逢啖髓翁絶巘登臨霄漢近四圍眺望海天空
婆娑安醉向巖邊卧身在蓬萊烟靄中

大士閣　知縣　李肇勲

半間佛閣俯層城聞説高人此隱名入座曇花欣共對
飛空松翠若相迎岩邊煮酒頻催句山外傳更漸有聲
寒食可憐煙火寂挑燈遥見野雲平

大士閣　西湖　王功

閣外千峰擁坐隅龍門曲徑轉縈紆登高授簡才俱俊

覽勝飛觴興不孤自昔齊名推李杜于今託契重蕭朱
卽看避暑傳河朔把臂何妨逐酒徒

問仙亭　知縣李肇勲

不須衫履不須巾太古遺來一散人最苦簿書增俗累
閑邀雪月結芳鄰蒼莎鶴跡留丹竈斷續龍吟接暮闉
進火明朝傳上苑千岩花柳共精神

問僊亭　江右湯開逵

石龍高嶺矗崔嵬千里遊觀亦快哉天外斷雲開遠目
林間皓月映深盃登山我愛青松色作賦君稱白雪才

日暮高臺聊徙倚一行歸鳥入林來

前題　吳勗

秋高躡屐倚岩扃泛菊何辭醉復醒雲際鐘聲黃葉寺
月中山色翠微亭繞枝飛鳥何時定深樹啼猿不忍聽
偶憶謫仙還自問一編且讀蕋珠經

前題　知府孫大儒

山門仰首覲仙庭鶴駕何年駐草亭岩畔花開旋復落
岳陽人醉幾時醒白雲詩句留煙雨瑶島鸞音望窈冥
對酒長歌非鐵笛凡間猶作玉簫聽

樊公祠　　知縣李肇勲

自慚凉德守殘疆節序遷移見舊棠當日口碑猶可問千年俎豆尚相將壇依伏虎風生户門對石龍雲作鄉圖畫滿前須領畧新茶早已熟西廊

百丈庵　　周九如

絶巘臨登着屐行幽情乍向境中生半林霜葉猶含態幾處巖花不辨名竹裏看山添翠色泉邊聽鳥奏奇聲歸時倦卧西窗下四壁微凉一枕清

前題　　吳鏐

暮山四望氣氤氳摹盡苔痕石上文古樹亂鳴將宿鳥禪房半掩欲歸雲無邊野景閑中得一派秋聲靜裡聞解識真如空色相何妨木石與同羣

百丈山

知縣　鄒　儒

東風吹暖散春寒偶向仙峯縱一觀入眼林巒疑夙夢任情笑傲喜休官山茶滿樹堆霞片瀑布懸空滚雪團風景此中真箇好三年回首俗漫漫

又

鄒　儒

入來一望便悠然信是山中別有天樹老化龍攖霧出

岩深引鹿伴花眠鏡臺鎖月仙蹤在韡跡蹊雲吏亦元兀坐懸崖成默想幾時叢玉了因緣叢玉洞在寺邑石城山內多仙跡

馬仙墓　鄒儒

奇捘百丈遍雲峰蛻化堆遺第幾重淨掃紅塵無點垢倒垂綠樹已非松杜鵑處處啼寒食澗水朝朝咽墓墉羨煞仙媛真孝女千年馬鬣寄奇蹤

石梯嶺　吳貞明

林巒盤紆竹樹幽遙看溪浪雪花浮梯痕近覓升高處石級斜通最上頭瀑落層岩飛疋練寒生六月似深秋

匡山漫詫銀河水此地還誇百丈湫

霞帔山　陳箴

何年神女下人間霞帔輕拋化作山朝露融融梳石髮
澗梅點點綴雲鬟岩邊翠色分眉黛谷口清音響珮環
我欲按奇頻躡屐悠然相對樂清閒

天馬山　知縣程維伊

天馬岧嶢佳氣殊象形宜入瑞靈圖騰驤欲騁追風足
蹀躞寧同伏櫪駒雲彩繽紛疑錦障花光爛熳擬流蘇
道林過此應心賞買隱何嫌山徑紆

巾子山　　教諭徐應亨

巾子峰頭駕彩虹薰山一道往來通霓旌冉冉飛青嶂
雲蓋亭亭擁碧空仙仗依稀羣玉館帝閽咫尺太微宫
先朝盛事誰當繼多士應收萬卷功

僊桃山　　吳俸

桃峯突兀紫烟開空翠濛濛拂袖來山涤近看疑雁宕
石梁遥度憶天台春歸别圃叢花發日落高林衆鳥回
斗酒不禁詩興劇秪今誰是謫仙才

鳳凰山　　季叔明

比翼淩霄勢欲飛，晴空躡屐攬清輝。石經夜雨莓苔滑，徑着秋霜木葉稀。南接幔亭仙窟近，東瞻雁宕海山微。何年跨此吹簫去，五嶽猶堪一振衣。

棘蘭峯　季煒

棘底蘭香景最幽，乘高躡屐足遨遊。輕烟細細朝連夜，薄霧迷迷夏復秋。絶巘行人天上落，懸崖古磴水中浮。樓頭畫角當空盡，爽岸風清聽鹿呦。

青峰山　周宣

寒巖寂歷逈生煙，絶頂岧嶢高接天。曉色披雲驚宿鳥

秋聲襍雨入鳴蟬尋幽試覔豐干室攬勝還探慧遠泉
是處溪山堪寄跡結茅應老石橋邊

天梯山 吳其瑛

峩峩山勢甚崔嵬峭拔丹梯接上台紅日早從低處起
白雲時向下方來孤撐絶頂高無匹客擺羣峯亂作堆
攀陟不嫌千仞遠懸崖眺望軼塵埃

屏風山 吳文顯

西南拖障禦屏風砥柱槎溪誰與同獨立淩霄推勝概
高懸絶壁倚遥空多疑四面五丁鑿更愛層巖一徑通

謝客如何不到此拾來好景問仙翁

青峯庵　　吴王枚

倚天高剎勢雄哉雲際遥看般若臺花逐峭風飛作雨瀑經斷石怒成雷松篁籟發猿聲合島嶼烟消霽色開最喜空山明月夜數聲鐘梵上方來

雙溪庵　　知縣　鄒　儒

連日探奇百丈西筍輿曲曲度雙溪竹松青裡桃含笑泉石聲閒鳥亂啼閣峭自來雲作伴榻孤偏與月同棲禪關深處塵緣斷欲結團瓢傍澗低

又　　鄒儒

塵事匆匆興未闌偶從方外訪蒲團四圍山鎖禪關路兩股泉翻偈語瀾自愧東坡無玉帶擬從勾漏覓金丹他年莫負溪頭笑請看淵明已掛冠

勝隱庵　　吳運光

乘興登山景物清草庵小憩俗緣輕石多幽静忘今古雲自癡狂懶送迎斷壁猿呼千壑雨空天鳥度萬峯晴閒心尚欲尋泉脈忽見林東月已明

百花庵　　季艮璣

聞道仙巖燦百花春風步屐入煙霞蘿侵石徑緣溪轉竹遶山隈傍岸斜曲塢幽深藏佛閣遥邨隱約見人家向來靈蹟未湮没方信丹臺路不遐

準提庵

知縣　李肇勳

花雨繽紛灑佛堂倚風修竹戛青琅溪流漸漸通閩海山勢層層遶括蒼背色求眞參法諦乘虛得靜見慈航何時共結蓮花社池上爭看五色光

亭湖庵講席

季　照

溶溶溪水遶亭湖舊院新修等畫圖滿座風光金色相

廻廊月映玉平鋪氣清頓覺山川近物格方知上下孚
萬象森羅皆幻境沙彌且聽講唐虞

福興堂　陳祚

僧寮寂寂仙蹤閟舒卷雲霞護梵宮月照祇林光瑩徹
風翻貝葉影玲瓏山容如畫當朱戶爐篆生煙裊碧空
蒼狗白衣多變幻闍黎卧起日方中

六如堂　葉嵩

松花香氣落青藤雨潑芭蕉破未曾蓮社有詩傳慧可
魚山何法繼盧能樓頭啼鳥窺春草龕口飛蛾守暮燈

領得薰風清磬響一杯茗汁出高僧

福善堂　　吳南明

勝日郊原攬物華東山迴映野雲斜春歸陌上多芳草雨過林間有落花徑繞溪聲通佛剎坐依松影見人家酒酣嘯咏俱成趣移榻何妨就淺沙

甘霖堂　　吳其玉

一到禪房百慮寬甘霖古寺倚層巒松杉蓊鬱饒奇色棟宇輝煌壯大觀篆裊香烟雲影靜風來竹塢鳥聲歡憑高四望情何限檻外長流作帶看

石龍寺　　三楚毛　炳

偶爾尋春到此間一時俗慮總全删溪環北郭浮龜石
寺枕西峯對象山雨雜松聲鳴梵閣烟含竹色隱禪關
却憐作客他鄉久日暮偏看倦鳥還

又　　吳如公

焚香日日坐蕭齋合掌瞿曇更愴懷門俯放生潭水活
壇爲度衆法筵排天花半墜游龍窟梵偈遥傳伏虎階
普濟慈航會有約于今宿願幸無乖

天鍔寺　　姚　鐸

秋老山行悲落木黄花對酒一高歌蘿侵斷壁題應徧蘚蝕殘碑字欲磨漆水舊聞蕭寺鴿聽經誰識遠公䴗度江已舍津頭筏隔岸回看翠靄多

慈照寺　王錫俸

溪廻路轉落梅香載酒尋僧到上方夜雨灑窗山染翠春風拂岸柳添黄雲壢漫禮蒔苔像禪室空留薜荔墻莫道龍宫久消歇林端猶見白毫光

梵安寺　姚朝蔭

翠湧蓮峰一逕斜斷雲開合景偏賒梟經夜雨山山瀑

徑遶春風樹樹花清籟自張羣帝樂淨林誰闢梵王家
老僧似得西來意雷莢頻分石鼎茶

九日補天閣弔楊公　姑孰　周之德

清霄雨歇應重陽一杖尋登木末黄萬井填城山缺處
雙虹負閣水中央愁聞鴻雁傳鄉縣忍見茱萸佩客囊
此日登臨懷作者祗餘新淚濕衣裳

小蓬萊　知縣　程維伊

中流結屋近芳郊天下無煩論草茅勝地引人疑海島
輕雲扶鶴唳松梢燒丹爐靜春風穩採藥人歸夜漏敲

不信紅塵皆俗吏寄言詞客莫相嘲

文昌閣識集　　知縣　陳鍾瑁

文昌靈象自天開入夜星輝照席來幾點奎光移北斗一灣河影踐中台譙樓清漏隨風轉古刹疎鐘逐水廻獨羨君家堂構遠紹庭應有濟川才

前題　　吳倬

萬山繚繞翠屏開閣外飛湍捲雪來拂檻桂枝侵月窟入簾霞色近天台樽前恰聽春鶯囀花際還飛社燕廻自喜公餘還嘯咏何人不羨出羣才

前題　徐[illegible]亨

綺閣凌空望眼開千峰翠影拂窗來南天象緯臨中座
東壁光芒接上台滮滮溪流經雨漲毿毿柳色逐春廻
登高作賦懷仙令共羨陳思八斗才

前題　吳貞明

儒閣躋攀夜色開星河倒影入杯來郎看武庫連東壁
誰似文星列上台勝侶漫誇金谷集艮遊肯羨習池廻
片雲忽灑催詩雨點筆猶慚七步才

九日題文昌閣　李時芳

黄花滿眼爲誰開有客招邀入坐陪廿載著書曾閉戶八旬携杖復登臺凌雲劍氣從南吐射斗文光自北來醉罷茱萸期後會莫教冷落少陵杯

題石龍山　　吴其偉

山形絶似笑天猊偶爲笑天傍此谿拋下一毬趨過北迎來雙澗又朝西圖開白澤神如畫狀伏黄狸吼欲啼教識松間形怪石居人漫擬老龍棲

徐夫人廟　　知縣　鄒　儒

小立芳祠傍石谿青松謖謖碧蘿深烟霞一塢神仙宅

香火萬家慈母心莫訝閭閻無直道已看巾幗有棠陰
幾回公事單車過陣陣清風觸我襟

冷水亭　葉喬林

曲澗亭開倚翠微林間返照美晴暉殷雷忽向高秋起
小雨偏當薄暮飛葉墮跳紅争逐水石涵冷翠欲侵衣
勞勞客夢知何處爲許相逢一醉歸

暮春遊石龍山　葉之苞

結伴尋芳冠與童龍山淑氣鬱青葱炎光乍到山城外
春色猶留雲樹中鳥向泉邊啼逸韻花從嶺上度薰風

登高遠眺情何限嘯志歌懷今古同

七言絶

文筆山　　季時英

亭亭筆勢欝巃嵸影蘸清池氣吐虹雁陣遥分微辨字雲箋乍展欲書空

琵琶山　　吳澍

琴巘潺潺響石泉秋風嫋嫋入鳴弦開樽坐聽風前韻疑在江州月夜船

斑岱山　　知縣 程維伊

翠壁丹崖飛白波銀河一派落平坡青蓮好句今誰嗣
擕向山前擊節歌

拏雲山　葉穎然

古洞谽谺鎖白雲春山晻靄散清芬坐來猿鳥聲俱寂
獨有飛泉隔竹聞

仙尭山二首　知縣鄒儒

飛濤掛壁月藏窩石上碁枰類爛柯見說仙桃紅滿樹
身非曼倩奈如何

自知俗吏夙緣慳幾費登臨總枉然願把簿書燒欲盡

好攜丹竈碧崖前

白雲洞　　吳與孝

霜林淅淅葉聲乾，着屐登山破曉寒。磴繞七盤凌樹杪，泉飛百道掛簷端。

桃州溪　　葉孔舒

青山不減謝公墩，新柳垂絲映遠村。最愛桃花臨曲澗，何須更覓武陵源。

梀蘭溪　　夏懋蔭

叢茸夭棘蔭芳蘭，翠繞層巒竹數竿。長似春深經夜雨

飛流一道捲風湍

竹口溪　知府孫大儒

渡口臨門晚繫舟當鑪止宿憩重樓參差竹樹垂簾暗
婀娜香煙下榻幽

竹坑溪　姚文焻

清流曲曲抱城西夾岸猗猗竹影低秀色滿前飡不盡
當年猶號古金溪

過竹溪　鹽驛副使徐綿

峯巒層疊樹陰森到此應忘出世心堪笑我今成大隱

入山惟恐不能深

石龍潭　　知縣　楊芝瑞

龍潭碧影靜涵虛，龜石渾疑洛出書。吏羨清秋明月夜，一泓深處漾芙蕖。

銅鉢潭　　吳鳳翔

清溪雪色湧飛湍，潭影澄空玉鏡寒。却似祠僧操一鉢，箇中疑有老龍蟠。

褒封亭　　吳抱素

炎節歊蒸暑氣侵，暫留亭畔息層陰。褒封事遠人何在

惟有青山閱古今

魏溪亭　葉犇然

一派溪光瀲灧波亭臨曲澗枕岩阿清風明月誰消領隔岸時聞樵子歌

瀨水亭　吳履亨

瀲灧清波注碧川沿堤芳草更芊綿凴欄少憩渾忘倦閒數浮鷗戲水邊

明岩亭　周渡津

絕巘危亭走野貔芒鞋踏破北山隅披襟欲坐誰同調

掠地屏來一影孤

迎春亭　季時亨

歲序推移臘復春，調和玉燭此方新。亭間忽聽鳴春鳥，恰是東皇布德辰。

西山頂烏石亭　吳垣

憑高一覽衆山低，俯視郊村烟景迷。石磴盤空凌絶頂，白雲猶在下方栖。

西山亭　吳樹駿

西山高聳石磷磷，澗影溪光入望新。亭上白雲都掃盡

斜陽一抹照遊人

憩雲亭　吳爾庚

微茫山徑遶岩扃林木陰森草色青閒坐此中誰作伴
流雲片片擁孤亭

翠微亭　吳敬中

大地春回緑正肥青山環拱耿朝暉眼前秀色堪留憩
好似江頭坐翠微

來鶴亭　吳崇仁

亭高遥望白雲飛山石嶙峋行徑微跨鶴仙人何處去

至今猶望鶴來歸

泒石亭　周之鼎

誰將鬼斧劈層巒，振策何愁行路難。四面雲山誰是主，此間好作畫圖看。

勸農亭　葉充棟

大有何能歲歲書，還須來作勸耕鋤。亭前一望千畦緑，始信豳風語不虚。

風舞亭　姚煌

習習和風自可人，迷離曲徑孰知津。水邊霧隱花千樹，

松際雲開月一輪

上洋亭　周景尹

原隰畇畇分上下亭前花竹秀而冶騎驢遥渡古樓東

詩思忽來提筆寫

八角亭　胡嘉孝

地聯閩浙此中分八角玲瓏掛夕曛好景看來皆入畫

四圍山色一溪雲

聽鹿亭　吳文元

亭橫碧巘賦同行徑轉山腰望眼明彷彿鹿鳴岩谷畔

呦呦聲細入風清

小蓬萊　吳千泰

覽勝臨流步北隅雙虹橋畔數金魚蟄龍千百忽驚起佇看甘霖徧地攄

砥中閣　吳炳昌

狂瀾萬頃注龍湫捲雪奔雷滿緑疇幾見堤成還復壞於今誰復砥中流

覺林寺

吸泉撥火此山中一縷茶烟繞竹風忽見斜陽開晚色

相將待月出林東

石獅堂　　吳之騏

涼露娟娟秋過半蕭疎黃葉飛閒慢禪闗不許俗人敲

啼鳥數聲來枕畔

白蓮堂　　吳王釪

禪堂晝靜碧雲攢雨過紅蓮花半殘猶有清香來曲沼

山光潭影儘盤桓

萬壽庵　　葉咸章

秋盡閒登般若臺僧房閒寂掩蒼苔山飛空翠雲光逈

木落霜黄眼界開

萬松庵　　　　余勳

鐘聲帶月出花宫香靄霏微蔭碧空孤鶴長鳴松色老

遠山半掩暮烟中

勝隱庵題洗耳泉　　　　葉潛

崖際寒泉入峽鳴清音細細耳邊生幽人初向山中宿

錯聽琴彈古曲聲

勝隱庵題鶴洞　　　　吳王聞

何人養鶴煉金丹鶴去山空澗水寒把酒不妨拚一醉

踏霜歸去月團團

勝隱庵題停儛巖　　吳　丱

石壁嵯峨高接天凌風玉珮去何年閒心已識遊仙意

日日看山便是仙

勝隱庵題瀑布　　周九如

翠屏千仞勢嵏絶一道清泉飛玉屑激石濛濛生白烟

舞空點點散晴雪

源隆庵　　葉　枚

照妄須燃大智燈法堂雲護碧層層林香蚤已聞簷蔔

谷響從知斷葛藤

天堂庵　　姚家蔭

危峰削石翠如屏竹有留題石有銘昔日遊人何處去雲山終古不磨青

海會庵　　葉海棟

曉色初開萬緑屯鐘聲出水又黄昏歸來麥繞青岩路修竹林間酒一樽

豐樂亭　　葉邦勲

豐樂亭中景最幽蒼茫林樹白雲浮四圍山色青如許

一帶烟光翠欲流

五言絕

源隆庵　王綸

山峭雲常在泉幽韻更清岩松多秀色山鳥少凡聲

龍濟庵　葉璋

山奇性見骨樹老自多瘦一榻萬松邊坐看雲水靜

雜詩附

宋

步龍泉邑令題濟川橋　陳嘉猷

此地天教繫斷槎古來劍氣屬張華長橋高閣一時勝
巨碣雄篇衆口誇曾是斗牛相照映不應風雨肆欹斜
令君小試扶顛手便有歡聲靄萬家

明

留别松源父老　知縣陳九功

我愛山城不我欺山城偏與我相宜催科更不煩敲撲
獄訟何曾結讞□無事小窗惟讀易有時過野只烹葵
來朝馬首麗陽去一片白雲繫所思

國朝

前題　知縣　董韡縉

作吏松源两度春秋風吹送一閧人愧無實政堪稱最笑有空囊莫厭貧閉戶窮經多秀士耕田力穡是良民臨歧片語相持贈安分由來足保身

題延陵周鸞姑暨媳李氏雙節　知縣　程　煜

斷臂完貞耄耋時一門姑媳两堪奇　九重綸綍旌華表千載芳標薦節祠送死却傳猶子孝承祧還有稚孤遺我來問俗關風化憑吊幽光樹壼儀

前題　調寄倚孤鸞　知縣　蔣　潤

綵縭劉結何照戶三星暫明今夕詰旦理粧早哭樂昌鏡鈌勉順高堂義訓不遂初心死同穴伯姒夢熊分乳嗣續綿瓜瓞　佳婦佳兒甫長雛蘖痛夭奪寧馨中道又折姑矢栢舟志媳並懷淸潔共歷饑荒兵火六十餘年如一轍允沐

天家寵錫表一門雙節

題濟川社學　吳栴

服古入官先正名歧途亂正害非輕梧桐百尺常棲鳳

不許鴉聲雜鳳鳴

邑侯唐君瀛薰山禱雨恭紀　吳元棟

兗嶽岣嶙鎮巨鰲，章天雲漢儘煎熬。爲民請命紆途上，皎日當空再拜勞。雷震山南妝旱魃，雲生足下起波濤。回車忽帶千峰雨，百里歡騰燕雀高。

和署任孫邑侯九日登石龍山　吳元棟

賦到雲山語自嵬，況逢齒屐共徘徊。烟花自合分留守，風俗何如論本來。彩帽已隨飈勢落，酒旗更帶夕陽開。他年佳話傳青史，雲外新詩雨後杯。

輓錢師台　季學勤

會稽名琶產名人每見才高氣未純風範惟有錢夫子知天知命獨守貞少壯知名膺　恩寵老大秉鐸抵四春性静不嫌青氈冷始終如一敎澤匀桃李門前西風急秋陽影落謝素質講堂老桂最先幾（庭有丹桂是秋無故自折）署後棲鷗苦若失（園有鷗數百師故後三日悲鳴盡去）可憐終養願已違吁嗟遊子尚未歸蕭條棺外何所有四五童兒守素幃仲氏嘑號寒霧起滿城行者傷曷巳我輩賵賻送行程屈指鑑湖千外里

錦水橋成誌感　吳元瀚

仙槎斷處繫飛蓬伐石爲橋結搆同煙雨樓臺新店北
丹黃廟貌濟川東當堤梛色垂芳靄古甸泉聲咽遠風
日暮驅車來繹絡高才孰是茂陵翁

步荔園游石龍山原韻　知縣戈廷楠

環城皆山欝蘢嵸就中蜿蜒形如龍一峯突立勢拏攫
每當欲雨陰冥濛我來小住山下寺中夜微微吹天風
老僧爲指石龍跡不緣捧檄安能逢憶昔浪游泰岱頂
日觀峰側森長松又曾放舟入東海三山隱約波濤中
驚心怵目控樓底萬流奔注皆朝宗濛洲于役小延佇

彷彿睡覺聞晨鐘問訊土瘠罕物産製菰煮筍稱年豐撫字催科慚兩拙一行作吏非銛鋒何時攝衣石龍上縱目四顧開心胸張公豪興誰與同揮毫笑傲登此峰

過賢良村　　知縣　熊　珍

三年薄宦到濛洲故國茫茫憶舊遊珥筆久疎青玉案論文忽上白雲樓蕭蕭風雨春寒積膴膴郊原小麥抽自愧生平無好狀相逢一醉復何求

普渡橋志感　　吴得訓

竹溪溪水落長空路闢榛蕪輻輳同綿亘何年鞭海石

依稀半碧架晴虹柳陰不用方舟渡橋畔偏令輿馬通
王政於今侔夏令千秋猶自憶程公

登黄壇二仙宫　　吳洪

巍峩仙闕峙村西俯瞰人煙一望齊樹疊龍鱗松韻遠
簷飛鳳翅竹林低雲開殿閣遥排岫月見渟湖半映溪
此景由來難再得登臨乘興喜留題

鷺鷥亭　　姚錞

小結茅亭曲徑幽鷺鷥坳外翠林稠高峯崒嵂人初到
峻嶺盤紆馬欲留曾向樹間聽鳥囀遥從檻外挹溪流

茫茫遷客淒其意古道斜陽影半收

得月樓　吳先經

山開半月恰當頭景色時時總是秋我亦近來興不淺

此樓應得似南樓

渡槎溪　吳匡選

層波叠浪水聲喧十里溪流一氣奔我欲乘槎隨漢使

不知何處是河源

鐵尖峰　陳紹虞

萬叠崇山上孤峯削不成遥連霄漢色似結太陽精聳

枚臨幽壑光芒映晚晴詰朝雲乍起疑射斗牛橫

永興橋　吴孟登

地僻人烟少山危水澗深潺湲飛萬壑澎湃落千尋岸苦褰裳涉溪愁勒馬臨最宜鞭石手爲洽濟川心

濛淤橋　張恪忠

峯巒環抱鎖溪聲百丈流虹飲澗橫我欲招尋題柱客長門恰喜倩長卿

題石龍山　教授張駿

何年慣雨被天嗔謫下荒山化此身怪石玲瓏多帶角

虬松夭矯盡生鱗，摹碑尚憶千秋蹟。放眼能收萬象春，我欲淩空發長嘯。恐驚風雨起逡巡。

雲鶴堂講席　眞定城

吾生碌碌一靑氊，欲買名山未有錢。愧擁臯比居北面，喜來幽境占西天。晨看雉堞烟霞滿，晚聽松筠鳥雀喧。博得此心淸且靜，好和童冠濯流泉。

梅樹嶺　毛九經

岧嶢峻嶺鬱冥濛，高倚遥天一線通。拾級盤紆雲路近，淩巔憑眺碧霄空。橫臨絶澗形逾峭，亘繞崇山勢獨雄。

行客無須愁載渴梅林已熟翠烟中

天馬山　葉之茂

渥洼有馬自天來形駐荒邱秀色開竟日嘶風黃葉裏
昔年被駕白雲隈晴嵐裊裊雄千尺曉霧悠悠浪一堆
伯樂當年搜未到覊留巖畔不知回

遊石龍寺　鮑知我

高臺日暮歸雲突湛湛禪心潭底月法界三千靜裏窺
因緣十二空中發長公乘興陟虬峰莊子尊生昇象闕
更憶山巔最上層翠微深處僧行滑

何處白蓮光閃突松潭掩映東林月酒傾彭澤線胷揚鐘扣少陵深省發持偈近登般若臺看山遥見蓬萊闕喜偕惠遠共追隨擊竹拈花龍窩滑

濛洲八景

巾子祥雲　　吳元棟

巾峯佳氣合表瑞協昌期雲結三春彩橋連兩岫奇寳車飛漠漠仙仗炫離離徵應前朝事於今欲見之

又　　吳公選

祥光何處影繽紛巾子峰頭一段雲乍向空中連靉靆

遥從碧落接氤氳蒼泌帶雨垂朝靄滉漾隨風照夕曛

記得仙人曾拄杖劉家舊事古傳聞

霞帔麗日　吴元棟

仙佩何年化雲山萬古留形齊天帔落色共日光浮磅

礴餘文綺晶明射琴樓不須頻着屐相對與偏幽

又　余塏

何曾拋帔落仙家帔欲如山山映霞曉霽宏開天曠濶

晴嵐遠照日光華黃花不避秋顔老青草猶留春意賒

色辨中央誰煅鍊遺來疑自古皇媧

百丈龍湫　吴元棟

百丈仙靈地龍湫許獨尋藍拖三井外氣接五湖深絶巘浮青靄寒光瀉碧潯崇朝雲乍合溥澤應商霖

又　吴公選

飛瀑懸崖一澗開靈湫隱隱響輕雷半天水欲因風急六月寒偏逐暑來混沌無痕經斧鑿神仙有窟任徘徊崇朝霧起山腰雨噓氣隨雲徧九垓

雙潭石印　吴元棟

燕尾交流碧中浮大篆形波涵雙帶緑瀾湧一拳青洛

水曾爲鈕龍壪早化星千秋同海石砥桂協川靈

又　　余　塏

嶙峋片石砥中流圭角天然一印浮草色深時拖墨綬
波紋皺處劃銀鈎曾將山勢供圖籍喜掃苔痕認鏤鎪
疊疊腰金應有兆垂紳直上鳳池頭

石龍烟浄　　吳啟甲

日射晴光遠靈巖宿霧收天衢連秀色雲路豁青眸竹
底人烟浄龕前樹影稠點塵曾不染結想莫辭投

又　　吳公選

石龍山勢欝崇隆盤曲紆廻一徑通山雨欲來秋色淨溪聲遥送暮煙空天開圖畫形難肖古有登臨興不窮試躡層城頻眺望渾疑身在白雲中

雲鶴松陰　吳啟甲

山郭靜朝暉長松擁翠微風濤奔澗水苔徑接禪扉樹暗雲常住堂空鶴未歸盤桓情未已清磬出林稀

又　余塏

雲鶴堂中鶴已飛百年世事想依稀祗今惟有松容老何處更看鶴影肥客傍午陰穿曲徑僧來月下叩禪扉

林間莫訝鐘聲出不盡濤聲遠樹微

梅坳夜月　吳啟甲

忽見梅花發坳頭月正團幽光呈皓魄冷艷沁冰魂犖木聲逾靜空山水自湍徘徊留翫賞應作廣寒看

又　吳公選

梅因破臘爭春色月以經秋帶曉寒不見梅從中夜白偏宜月在古坳團香聞十里寧嫌暗影入三更正未闌最是山頭風景好冰魂皓魄一齊看

槎水春瀾　吳啟甲

潙潙烟槎水春來，錦浪生橋低。新雨足沙護，舊痕平樹影。依堤客鷗，羣列岸輕。渾疑星漢近，最是綠洲行。

又　　余　塏

盈盈碧水繞槎溪，無限清波漲舊堤。十里濤奔沙岸白，千重縠皺板橋低。客疑泛艇纏星漢，人爲尋芳倚杖藜。風雨籬邊春意足，香塍一望草萋萋。

巾子祥雲　　周培陞

一望祥雲吐巾峰，瑞氣涵乍疑張翠蓋。旋覺駐仙驂，秋雨纓還濯春花，髻並簪箇中有佳兆，妙諦可誰參。

霞帔麗日　季學勤

仙女知何去空拋帔在山如霞眞爛熳映日更斑斕色耀青絲綰光連碧玉環朝朝憑眺望薄暮不知還

百丈龍湫　葉邦熙

靈湫飛百丈撫景正徘徊石罅深成洞龍文淺覆苔九天疑噴玉十里宛聞雷甘澤隨時降山晴雨亦來

雙潭石印　余鈞

岍澗雙潭迴烟開片石浮分風拖燕尾負水出龍頭帶繞千重翠文成五色幽更看明月夜倒影落長流

石龍烟净　周培陞

山高形突兀烟重色朦朧似霧藏深洞如雲鎖遠空一朗風盡捲千里目能窮環繞皆山水都歸眼界中

雲鶴松陰　季學勳

何處覓仙跡空餘百尺松清陰酣午夢疎韻入晨鐘鶴已無心任雲仍着意濃禪雲諸品净翠影落重重

梅坳夜月

月照三更夜坳開幾樹梅也知香獨抱偏訝白成堆信是同心契相將載酒陪素娥如見許應速美人來

槎水春瀾　　葉之苞

合注諸溪水，春深尚帶寒。隨風旋作浪，激石更成灂。
走聲偏壯，鷗飛路正寬。却驚槎客渡，頃刻過前灘。

巾子祥雲　　田嘉修

嵯峨巾子列晴空，瑞靄遥連錦障千層銜麗日，
星橋百丈駐飛虹。烟浮露晃金爐馥，光耀華簪寶髻工。
糺縵無心原不定，山靈應許古今同。

霞帔麗日　　田嘉言

山名霞帔寫春容，掩映晴光積翠濃。綠樹迎風搖翡翠

嫣花含露簇芙蓉曉簾初啓朝陽殿繡帳還開白紵峯
更有一般堪比擬玉環方拜紫泥封

百丈龍湫　田嘉脩

浩淼銀海翻鯨波神龍蟠蟄通星河八荒伐鼓承帝訶
雲垂水立走靈鼉山湫百丈石嶒峨九淵無深蔓薜蘿
嵩山丞叟遠來過雷陽挂璧躍金梭會時呼兕策青羸
風伯前驅反偃禾巖窟清幽息滂沱霖雨潤物天下多

雙潭石印　田嘉翰

歷陵山高三千丈七孔石印雲漢章太平皡皡頌熙洽

朱書妄誕稱都揚我遊雙潭水清絶中涵硯石明鏡裂
螭蟠龜紐青泥封紫蘚斑駁狀鑄鐵月照千潭象外呈
誰知鬼斧鑴隆平狂瀾澎湃撼砥柱蝌文鳥跡參差明
噫嘻綬綰天下信造化爲鑪真堪認介石飲水有如此
應作萬古河山鎮

石龍烟淨　田嘉脩

驤首天衢第一峯烟消露滴紫苔濃登臨渾似乘風去
俯視雲山幾萬重

雲鶴松陰　田嘉脩

閒訪入松林，空樓翠色深。烟横蘿徑古，花落石床陰。山月千年事，風濤萬里心。悠悠前去鶴，何日再來尋。

梅坳夜月　田嘉翰

疎影本幽姿，韜形在山曲。姮娥偏弄眞，婉轉照寒葩。一點天地心，清白原相屬。遥遥隔霄壤，含芳惜空谷。

槎水春瀾　田嘉言

溪水滔滔遠接天，山花兩岸夾晴烟。果然從此探源去，廻想浮槎又隔年。

題巢水庄　知縣鄒儒

兩道長虹夾碧波泉聲處處應絃歌俗同渤海澆風易
世有澹臺古道多知我催科愁不了任人輸賦意如何
延陵禮讓今猶在莫謂山城少太和

道光庚寅四月偕馮廣文並集諸生遊石龍山即

席題和　知縣 黃 煥

俯看城市岸如鱗郭外田禾嫩色新翰墨機緣成結習
樽彝款識詎同珍一行作吏難除俗滿座高朋不染塵
此日望梅梅正熟幾生修到是前身

前題　教諭 馮春潮

不然咫尺未攀鱗，那識龍山氣象新。幸賴招呼逢叔度，愧無才調似僧珍。小花蠻榼攜佳饌，曲徑禪門净俗塵。千里紀遊今更樂，攙雲高處置閑身。

前題　吴登雲

名勝石龍龍有鱗，偕登桂殿景翻新。蘿茶泉酒香偏遠，野蔌山肴味足珍。篠竹風前情不俗，青松雨後净無塵。趨陪得遇點睛手，喜聽雷鳴裕後身。

前題　姚駒

龍山表異現龍鱗，幾點靈光萬古新。載酒有人情足羨，

題糕無句味同珍野花開放岩增艷古木陰森徑絕塵
烟火滿城看不盡歸來猶擬任閑身

前題　葉之茂

石爲龍骨草爲鱗登眺名山景象新放眼雲烟遥覽勝
羅胸山海盡羞珍啣杯咳吐成珠玉染翰揮題掃俗塵
愧我才疏無箇事何時得擬步雲身

步前任黃章甫登石龍山原韻　知縣　吳綸彰

老樹凌霄已化鱗山川秀氣一時新簿書未許追前步
奏績還期此後珍漫說荀郎心是月難忘范子甑生塵

欣逢歲稔民安謐，贏得公閒省此身。

茲前任黃邑侯登石龍山原韻　教諭　沈鏡源

山作龍形石作鱗，登臨眼界一時新。雄圖蟠踞千山小，勝蹟留傳片土珍。笑傲烟霞拋俗慮，流連詩酒隔囂塵。歸來吹落儒官帽，慚愧琴堂布化身。

雨後望巾子山　知縣　吳綸彰

羣山萬壑擁岧嶢，霧縠霞冠雨後描。瀑駕飛虹飲溪澗，峯攢神劍搏雲霄。松巖薄日開青障，仙仗凌虛渡彩橋。廻首東南堪入畫，玉龍百尺瀉寒潮。

雨後望巾子山步吳邑侯原韻　沈鏡源

祥雲五色鬱岧嶢雨後升騰望裏描不復空濛遮遠岫
猶然朗霽豁層霄分明老鶴離芝蓋隱約長虹駕彩橋
羨殺使君心志喜謳歌四起聽如潮

謁馬夫人廟　吳綸彰

妙手空空出世寰黃金白璧仰仙顏掃除塵世千年刼
管領雲霞百丈山儘有鏡臺傳石上肯留巾笈在人間
卽今蒙澤冠紳地想象慈航日往還

中秋登石龍山　吳綸彰

憑欄一覽色無邊高敞樓臺界百千眼入雲山秋似水胸無芥蔕月當天萬家橘柚寒烟冱四面芙蓉暮靄連曲巷幾回清韻起臨風那得武城絃

丙戌登奎垣閣作

教諭　馮春潮

龍門高敞接奎垣共說當年出狀元累代科名何舄奕諸儒理學有淵源桂花四季香留閣山勢千盤秀列園瞻謁肅然心甚遠濛洲此日始停轅

步前任馮珠航先生原韻

教諭　沈鏡源

登臨高閣望星垣秀挹薰峰卜鼎元前輩風流傳竹口

神童井桂香坊遺址斯文宗脈溯淞源爽開佳日前臨郭香滿清秋後列園老桂四季花開最是龍山環右臂蒸蒸多士望推轂

庚寅季夏偕友人王紀常濟川訪勝宿吳氏半畝園即事　吳興　沈丙瑩

山城不下陳蕃榻止宿延陵半畝園兩爲情般留客屐蛙緣夜靜鬧鄉鄰三三徑闢殊難認乙乙思抽要細論最是關心槐子熟西冷舊事話黃昏

巾子祥雲　葉之茂

朶朶祥雲出岫奇芳名元鼎恰相符雙峰挿立連天啓

五色騰輝匝地垂化作浮橋空際出結成寶蓋靜中窺
何時復得崧靈降步武前賢文在茲

磨手嶺　　王勲

巨靈擘破手摩霄闖越遥通勝地標走若蛾旋人得得
行如磨轉路迢迢亭修世美常安憩閣坐觀音自止囂
鑿險著夷資好善口碑載道勝歌謡

遊石龍山步吳邑侯原韻　　吳履祥

名山何自結龍鱗怪石磅礴重叠新嶺上青松留古勁
亭邊翠竹秀瑜珍遥聞鐘磬清餘韻俯視山溪淨少塵

最是登臨逢好景誰從明月憶前身

西城彩煥長庚座　吳升階

順濟行宮告落成重新建座控西城人烟稠密多來往
礀圳蹤通繞送迎野外逢耕歌小卯樓頭懸匾煥長庚
天然位置開圖畫却喜金溪夜月明

雨後望巾子山㳟　吳邑侯原韻　吳大新

一段祥光映翠嶢空濛雨後景堪描雙峰壁立開初霽
夾道虹飛望遠霄彷彿霓旌翻寶蓋依稀丹仗護仙橋
蒼茫瑞氣今猶昔誰繼英聲湧若潮

中秋登石龍山步　吳邑侯原韻　吳大新

何時昴首入雲邊，石化爲龍勢萬千。最喜名山舒道眼，況逢佳節醉花天。憑欄快覩豐盈樂，撫卷欣傳賦咏連。丹桂芬芳清四座，心神怡處聽鳴絃。

重九遊石龍山　葉郁文

黄花萸子似輿臺，勾引閒遊到上台。攝屐提壺今日事，論詩作賦幾人才。雲中清磬聲聲徹，郭外秋山面面開。結伴同登多逸興，題糕應共此啣杯。

石龍山　吳侗

地鎮松源第一山神龍蟠結到人間一溪風雨生西澗
四面雲烟繞北闕嶺上松形鱗隱隱雲邊鶴厰翠斑斑
恰欣出郭扶節便覓日登臨任往還

登石龍山　葉之藩

何處蟠龍借此棲時來舉步擬青梯巍巍峭壁參天起
矗矗懸崖與岱齊似帶元珠臨澗水宛騰碧漢駕虹霓
亭前好景終無盡縱目長空萬象低

遊百丈山　葉榮莢

百丈山頭勢最高登臨到此興偏豪丹成早見飛昇去

地險宜知舉步勞峭岃巖邊開古寺潺湲水畔怒奔濤
鏡臺履跡今猶在令我摩崖一染毫

棘蘭隘　　　　　　　　　　　　　　　吳信

杭溪茅店兩三家隘地由來錯犬牙怡可桃邊撓棘刺
難從竹外覓蘭芽途分閩浙人聲雜道阻桴航水勢斜
借問關防何寂寂太平已久靜邊笳

遊百丈山　　　　　　　　　　　　　　吳濱

仙靈萬古一朝昏世事推遷且莫論三徑松風珠履跡
半彎明月剪刀痕爐烟裊裊連巖口幔霧濛濛滿院門

亦欲凭虛窮海島俯臨百丈莫窮根

前題　鮑友仲

仙仗淩空絕世緣至今縹緲望無邊窈深莫辨陰晴候
繚曲難分冬夏天履跡空存雲杳杳剪痕惟見月娟娟
龍湫風雨驚來驟靈跡千秋長浩然

題姚村水口　邵體仁

通途曲折傍崇山近隔村前二里間突兀獅頭騰浪湧
盤桓象鼻疊峰圜常聞不雨溪聲急却喜非春樹色斑
水口生來裝好景鍾靈毓秀擬仙寰

百丈山懷古　　姚冠

層巒孤峭遠山巔，此地曾修五代緣。樹繞煙霞真似畫，丹成雞犬亦皆仙。鏡臺映月空千里，履跡穿雲入九天。幾載深情欣一望，振衣直上興悠然。

恭和章甫黃邑尊偕諸同事九日遊石龍山登豐樂亭　　田家修

豐樂亭高萬象收，魚鱗樓閣小濛洲。安身厭插塵中脚，放眼常昂天外頭。九日爭傳桑落飲，七人猶是竹林儔（同遊七人）。鴻書忽聽傳青鳥，讀罷新詩興倍遒。

題松源川　吳邦鑾

一望松源勢沇溶，春光靄靄十分濃。庭前古栢巢飛鶴，岸上高橋起卧龍。濟水資靈靈閒毓，蒼山拱秀秀頻鍾。藏書萬卷推先哲，此日何人步往蹤。

百丈山　吳坦然

百丈峰頭別有天，登臨四望景悠然。層巒聳翠參霄起，怪石嵯峨匝地連。滿徑蒼松青未了，一潭碧水静無邊。剪痕屐跡今猶在，長使仙靈萬古傳。

題濟川古栢　吳　滮

空山古栢種何年勁幹離奇尙嶄然百尺高完金石質
一枝秀挺雪霜天多經歲月蒼苔厚不讓松筠晚節堅
羨汝大材樑棟器須知到此老彌妍

廻龍山　吳江

嶂疊雲封鶴洞開城煙靄靄遠飛來穿林碎日爭奇勝
透斷斜陽映上台洗耳泉邊窺豹隱停仙石畔喜龍廻
登斯覺路忘歸處愧乏三都作賦才

七言絶

佛榻龍鱗　吳登瀛

東雲見爪西雲鱗神物由來妙入神幾點留傳方丈地
那教人世露全身

遊百丈山　周大成

山名百丈何崔嵬當日仙蹤何處來履印剪痕遺跡在
長同瀑布挂蒼苔

萬松庵　恭依前志四世祖余勳原韻　余銑

萬松環繞映禪宫涼影森森滿院空欲識遺蹤何處是
片雲孤月有無中

磨手嶺　姚樹橿

巒高聶足如蛾走，憶昔壓屐名磨手，此處何年仄徑開，
而今載道膾人口。

文昌閣　　吳球

紫薇宮闕靄雲霄，十二欄杆一望遥。共仰奎光聯碧落，
千秋祀典奏簫韶。

題育嬰堂月桂　　姚緒

月中移下庭中栽，引得天香入面來。好向嬰堂承雨露，
生生不息笑顔開。

五言律

題上管庄　　知縣　關學優

濛洲鍾秀地，到此擬仙鄉。翠聳山屏列，青縈水帶長。農皆勤稼穡，士亦勉賢良。不愧延陵胄，洵爲邑乘光。

陳尚書祠　　訓導　王　勉

乞米償清俸，能言便不同。街談誇幼慧，邑乘記公忠。朝士傾風久，春官就日崇。九都祠宇外，猶是話神童。

劉狀元坊　　王　勉

誰卜薰山兆，文章第一流。英聲蜚大學，芳蔭護綿州。軌範傳多士，科名許狀頭。藍田遺璧在，虹彩耀千秋。

胡侍郎宅　　王勉

過目都成誦藏書不在多他年經畧使當日教官科錦共金雞割紳隨繡豸拖故鄉宜置縣畢竟意云何

王給事第　　王勉

讀卷知肝膽文章信有神淵源傳介弟鐵石識忠臣玉海藏書富龍潭結穴真瓣香勤拜謁記取後來人

豐樂亭　　知縣　吳綸彰

覽盡山城景清幽萃此亭樹雲朝暮改嶺色古今青日氣浮原野溪聲入畫櫺梵宫僧欲下趺坐説黄庭

過劉殿元墓　吳綸彰

青山抔土在今古仰斯文偉績曾留蜀高名執繼君龍蛇迷曠野日月照孤墳安得藍田璧而爲多士分

過陳尙書祠　吳綸彰

欲作黃金鑄千秋識盛名文章關世運正直是神明高塚麒麟卧荒祠柏樹生嶶流一溪水長此繞春城

過劉殿元墓　教諭　沈鏡源

獨抱薰山秀科名得狀頭英聲蜚太學惠澤播綿州市子雲光現藍田璧彩留墓門傳伏石遺韻誌千秋

過陳尚書祠　沈鏡源

訪勝神童井遺坊載令名能言傳早慧特達誌奇英勲業春官著文章多士程祠堂馨俎豆今古月同明

過王伯厚先生故里　沈鏡源

南宋興亡際先生一偉人建言明大義讀卷識忠臣學海搜羅富詞林著述新我來經故里仰止感心神

雲鶴山　吴登瀛

萬岫如屏擁城南起碧峰高僧青鶴去古寺白雲封影射松頭月聲揚洞口鐘登臨無限興四望豁心胸

胡侍郎墓　　季垣

舉步入深山，相逢幾株樹。借問此何墳，云是侍郎墓。蔓草含春烟，荒城漬秋露。俯仰深徘徊，不覺夕陽暮。

春日登雲泉鐘樓　　吳念祖

散步入雲泉，登樓已洒然。松篁圍佛刹，花柳罩八烟。四壁如圖畫，層臺可學仙。倚闌舒逸興，頓使俗塵蠲。

蕉峰雨秀　　姚鈞培

極目層巒秀，薰山第一峰。風飄花點點，雨洗碧重重。峭壁千尋峙，凝雲四面濃。綠陰何處繪，灑落豁心胸。

雲鶴松陰　　王成績

禪室近城墉陰凝有老松樓空黃鶴去徑曲白雲封憑弔堂名古勾留樹色濃我來心覺悟何處覓仙蹤

雲鶴花香　　姚樹均

到處香風送春來景色嘉石龍龍帶雨雲鶴鶴飛花紅透胭脂萼青遮錦繡葩陶然忘日暮踈影半窻斜

雲鶴松陰　　葉榮爽

雲從松上過鶴向寺中來不見雲邊鶴惟看月映臺濃陰青未了翠蓋碧常開忽聽濤聲急疑經紫府回

遊雲鶴堂　　姚叙

纔到禪堂地悠然有所思鶴來心覺寂雲在意俱遲片片浮空際雙雙入夢奇鶴飛雲且住舉念欲何之

五言古

馬仙墓　　吳佶

古井騰雲霧微茫一線路老松掃塵埃說是仙媛墓

邑侯樂曉園哺嬰圖恭紀　　吳登雲

萬物本一體聖人皆孩之老友少有託何況䙷嬰兒村落泣呱呱不知育者誰賢侯心惻惻朝暮急圖維司徒

保息民廨幼貴乎慈欲使皆得所營屋爲首基詢謀及
土庶料量供糗餈孕字乳貴足朝暮哺以時爰雇貧家
婦拊之畜之宜螽房容鷇蛋桃僵代李枝十十而百百
生生而熈熈閭里襁褓子官爲給育背順陽達勾萌毋
使生氣衰譬諸卉萌孼沛然雨露滋胎生有所長大造
權可持寒氷或覆寘隘巷或潛移或爲拾得子或有寒
山知踁豣好頭角醺面白雪姿安知非英物無根産靈
芝聽此喁喁聲一片春風吹好官豈好名有善所必爲
上推　帝澤普下沛民膏施愛代既得人去此心安怡

歎賞蹇蹇力顧覷嫛婗嬉羣黎績此畠以當德政碑是
堂下千載可傍公生祠

咏濟川形勝　　吳華

欲訪濟川勝溶溶春水浮山色四圍繞古洞深且幽或
如虎蟠磴或如龍鶩湫前哲多遺咏摩崖碑可援行行
路盤轉忽見村落稠絃歌聲文學人物晋風流牌坊共
祠宇遺跡永千秋我今聊敘述所望名賢酬

咏松源形勝長律　　陳南

松源勝地接龍泉枕倚薰山帶濟川六隘堅牢奇且阻

三鄉鐵甕斷猶連石成龜印雙潭裏瀑壯龍湫百丈寶
千里巒從青靄排半天嶺向白雲穿栝州屏翰西南障
閩嶠畿疆遠近聯井里村庄岩谷畔衣冠人物古皇前
家多圖籍淳風著邑有弦歌雅化宣覽蹟問圖何處是
雲林石谷筆難傳

補遺

輓節孝姚母季太安人七律兩章　鄭之良

廿年苦節厲冰霜母範貞堪擬徽姜秀毓閨中秉四德風清林下播三鄉奉姑潔膳稱純孝課子成賢有義方忽訝鸞書降瑤島慈雲縹緲月荒涼

其二

貞姿自昔著珩璜留得皮金一字香陶孟儀型今繼美郝鍾禮法遠流芳持梭入夜鳴機杼采藻凌晨携筥筐從此彤編紀美懿旌閭他日荷龍章

輓節孝姚母季太安人五言排律十四韻

訓導　王壇

緬昔膠庠彥，傳家駿有聲。奇男生使獨，隹婦質原貞。琴瑟調絃靜，縹緗佐業精。無何鸞驂別，從此鶴孤鳴。萱草愁將萎，蘭芽惜乍萌。回天惟在志，攻厲最關情。俯仰能兼盡，嚴慈可並行。晨饈罄菽麥，夜課爍燈檠。一鶚眞超軼，三珠足抗衡。佇邀　金闕獎，遽駭玉峰傾。竹隕斑痕濕，鵑啼淚血盈。廿年完苦節，百世永芳名。璞自全其美，人無忝所生。　閫儀堪勵俗，繆句擬鄉評。

石壁隘記并七古　　教諭　倪始湧

慶邑石壁隘路距城東古樓廟里許危巖峭石路僅一線可通下臨深淵其險異常者傳古嘗置渡船以濟往來有孀婦僅一子溺于水乃奮力鑿道以通行旅渡船停止後常有溺者以路窄故也嘉慶年間有負粉乾與負豚者交臂失足俱跌于水幾溺死吳君昌興聞之惻然捐貲開鑿寬廣六尺卽輿馬亦可並行此千百世坦行無顚覆患者皆吳君之賜也因爲之記并賦七古以詠其事城東五里仙桃麓溪水一灣鳧雁宿峯巒峻絶

碧雲生峭石危巖花芬馥俯瞰中流羨魚魴仰看懸崖
集樵牧雨霏絶巘覘飛仙月出東方聽鳴鹿右道留存
一線通路窄驂與輙蹋蹴後臨峻壁下臨淵一望驚心
更駭目羊腸鳥道歷千秋屈指于今幾髏髑慷慨捐金
來吳君鳩工鑿石成功速長三十丈寬六尺輿馬交臂
無觳觫行吟澤畔頌深仁履道坦坦膺多福漁舠輕曳
自優游出岫飛雲長郁郁登臨過此作高歌偉哉靈秀
乾坤毓

道光　年歲次　月重修馬侍郎廟告成謹

誌三十二韻　　知縣　沈中

仙靈昭赫濯衆志洽微茫五制惟功重三垂不朽長雙
奇偕娣弟百丈隱巒崗職果專司禮人皆話侍郎能傳
嘉譜切自得美名揚莫事搜周漢憑將道晉唐銜方尊
紫闥術早覺黃粱烈比銅爲柱祠成畫是疆后田揮碧
落前代塑丹房扁指難枚舉銘心不忍忘反風維刻桷
撲火拯雕梁暗使僧開戶音驚婦隔牆能擒欄下虎勝
斷里中羊細節誠堪誌豐功更莫量年年流疾疫子婦
被灾殃黙祝三條篆虔求萬卷方藥非除紫蠹效遠邁

藝文　詩

青囊且可回乾澇稱能禱雨賜四時調玉燭萬寶慶金穰盡發風雲護誰教鳥鼠傷鳩工看恐後蚨聚躍如狂創建東西屋重修上下堂川庭增舊制歌館艷新裝鵲賀規模樹翬飛氣象昌辛祈鼉擊鼓辰告兕稱觴伏臘人咸集觀燈夜未央談經誰設帳飲福邁薰香額頌山陵壯神爭日月光如椽慚未有弄斧遜無遑瑞應榮生梛歡騰蔭在棠兒童祈鞏固父老樂康強勿替繩繩引常留百世芳

前題

教諭　呂榮華

百丈仙靈著神威仰侍郎一門推競爽五季藉推詳晉
爵官卿貳酬勳擢部堂錫名雖未顯肇姓已先揚新息
功追漢長安客記唐溯原知貴族考績紀甘棠舊祀徵
天啟重修值道光家隣胥浦里蹟煥后田鄉反火奇難
測回風力愈彰禦灾兼伏虎捍患並驅蝗旱潦平千載
和甘降百祥豐亨同受福保護孰爲殃祈禱誠胥應繁
昌願自償鳩工新畫棟燕賀集雕梁闢地通三徑宏模
建兩廊竹苞山鞏固松茂殿軒昂縣治分由宋碑文記
自湯吹邪逃伏腊擊鼓祝罄香司鐸慚無補高歌興更

長盥薇稽祭法敬詠侑霞觴

前題　　訓導　章　復

誌闕難徵宋與唐里居勛績兩茫茫歸來雲外華亭鶴
碧落頭銜領侍郎
享祀春秋疊鼓祈荔丹新曲擬羅池兒童也識毛骸事
不待蒼涼問古碑

前題　　訓導　洪時濟

靈跡昭垂祀玉田而今廟貌更巍然憑依豈在觀瞻美
只是人心報德虔

題樂曉園明府慶元哺嬰圖　西蜀安崇庚

兒呱呱兒不孤兒有母母衆婦今年大好長官來安爾懷況嬰孩長官民之爹況汝赤子耶嗚呼生民耶活人耶保赤者仁耶

題樂曉園明府慶元捕虎圖　安崇庚

此何人哉儒且幹昌國之裔班侯面北游不上黄金臺南來爭識潘懷縣請纓曾作都護行懸肘早搤槖駝邱踏天摩漢時占星晝地壘石布八陣虎頭燕頷飛食肉牛刀小試横腰劍深山大澤讋摩牙無敵何止論千萬

東行奉檄入栝蒼循吏良宰一朝擅山君肆虐苦難除惡木盜泉相揮煽胥吏駭豕詞未遑父老驚談色先變痛哭餘生感鸜鴿枉教惡報恣殘嚥弱肉不得供强食露布張討宜深獮蠢爾於菟敢支吾殄滅不許留絲虥石碎山前大合圍一時僕從齊精悍攘臂前驅短腿如掉頭不住長鬚漢紫騮背上綦母刀烏號聲裏僕姑箭烈烈風翻雲倒飛轟轟石走目驚眩直摵樞星能上天早銷煞焰橫山半打鼓鳴鉦馬首迎千呼萬舞人爭看媿煞人間封使君弘農善政今重見屬之丹青命以辭

書碑志乘傳之遍公昔年少耻能文讀書射獵吟嘗風
功成直擬畫凌煙結習未除空自炫即今四海清平時
何必龔黃輕絳灌願公治虎如治民不在安良在禦患
他日濛洲演傳奇賢人烈士當合傳披圖我亦心胆寒
投筆横刀來酣戰

舉溪篇　　吴懋修

陰陽風雨重考卜瀍澗相承定昭穆分封吳地在會稽
移來松源歷唐宋宋初敦琢肇東庄是名舉溪長攸築
地當半月一弦新對面筆架嶂截截雲屏西峙聳赤霞

龍崗鎖鑰稱容複山環水抱如轉圜六橋飛挂渡泓洑
文明傑閣見在田燃藜仿佛擬天祿水口薦元塔勢高
還有梅花亭聽鹿虎聖巖踞張壯觀雲泉石獅拂月角
奇嵓幽峭蔭龍湫睛空常看噴珠瀑一亭復且一尊光
恰齊來鳳如龍湫念祖構祠祀春秋纘緒祈求聚巨族
瓜瓞保兹永綿綿家傳禮經年世讀

題三原唐一峰太守政績　陝西　楊炳奎

凡官松源似隱吏由隱而顯誰能至司馬浙西守粵東
唐名若瀛一峰字我初負笈游池陽習聞高丈誇政治

歷今已閱四十春忽睹楹帖懸此地頓觸昔年景仰心
前後同官幸附驥丹漆重髹煥然新歷年久遠又可冀
邑乘徵信無虛詞堂存儼若靈光歸潔已愛民本諸身
崇儒重道施諸事我亦留題願效公仰止高山對霞岐

題前任慶元令寶雞高公璘政績　楊炳奎

昔年秉鐸游陳倉公之子孫羅門牆爲陳麗水治行芳
今知志載松源鄉先世元魏銘旂常不負黑子忠君王
降生磻溪遂發祥熟讀石鼓籀類香濡毫落紙雲麾方
詩情直造長公堂爲政勤明紹前光動應機宜才何長

作廟奕奕民不忘建坊傳後稱循良鄦生製錦多未遑摩滓甘棠迹維桑梓行前徽擔徬徨

題前任慶元令滿洲鳴公山政績　楊炳奎文躔

松源置縣民風變縣令親民貴無倦自宋迄今亦孔多四十一人曾立傳就中徵信伊何人高公唐公向聞見今人自好盡變名考史不如口碑徧父老人人說鳴公公名山兮長白彥寬慈大度有真評聽訟得情弗鍛鍊作廟崇儒致力　神救荒良策民稱便東山不出繫蒼生量移仙陰仁風扇後來向往知有公昭昭冥冥擬瀛

瑗

題王伯厚先生故里　楊炳奎

大名應立尚書坊表里端推第一鄉人是濂閩眞道學文爭日月仰輝光傳來玉海鉗珠富識得忠肝鐵石香故里河山同壯色看花前度有劉郎

道光己亥八月宿嶺頭寺　楊炳奎

不道松源一載餘巉巖危蹬又驅余山田氣暖秋皆稔水碓聲喧巧自如小憩招提詢土俗遥憐兒女續家書年來晴雨從人願鼠雀澆風愧未除

賦

濟川圖賦

沈維龍

甌閩分土，松源誌鄉。漢魏兮鴻濛，唐宋兮啓彊。寧宗錫寓，氏族方張。人繁物穀，山迴澤藏。地鍾其瑞，氤氳莽蒼。入挺厥靈，豹隱鸞翔。陰霞帔陽，堆谷岸嶼。紆其皇陸，前自迺後。白鶴旃檀，拂於阿曲。迺若天馬岸咢於霄漢，冠頂巍峩於亭毒。積源於層嶂重巒之巘，迸泉於削玉懸崖之險。觸石噴泄，怒濤奔派，然後滙爲清泓，轉爲迴瀾。分燕渚，出龍潭，千溪萬壑而西，爲赴海之湍。此濟川之可望而遡也廻龍内扃捍門鎖黛東曰仙桃茂木鬱葱黄公遂之羽化丹鼎寄乎仙踪西曰薰錦對峙豊巘異樂隨乎天仗三橋架於長空帀垣聳文筆之奇輔壘頓捲旗之峯環四面而揖拱合二水以朝宗其土則丹青白坿其石則砥礪珷玞其卉木則蕙圃蘅蘭射干芎藭其異類則鴛鵬騰遠謝豹鵕鸃衆物居之不可勝紀其遊觀則曲欄危榭怪石芳池雲承綺棟霓晻繡櫨清泉湛於中庭肉芝産乎疎籬情暢意怡東皐西畦原隰曼衍篔簹蒨汧夏熟黄雲秋殖高庾于時瑁筵修髓劍佩

珠履清風滿座雄譚揮麈四方之賢俊峨章甫而曳華裾摛章染翰錦心繡語此都雅博大之高致也望濟之各宗貴士有之朝經暮誦家詩戶禮執讓撝謙策勳帝里聯軒結駟此人文彙征之盛作也望濟之儒紳俊髦有之四衢九達跨閩帶淛白叟黃童雁行鱗列男舉趾婦辟纑宛邱之鷺羽不值懷春之吉士何慕敦本尚行相友相助晏息蚤作株守其戶此淳龐古始之遺俗也望濟之父老子弟有之於戲斯民也時澆獨醇時宄獨賢豈其本性之殊異夫亦風氣之相沿嘗悲蜃市之樓

臺不久瓊璃之盎無不堅畤澆時宄孰與望濟之葆麗抱樸而喁喁乎擊壤之堯天歌曰高岫兮神棲危構兮雲齊素封兮連畦鳳異苞兮麟異趾芝之有苗兮椿有蓂溪畬碧兮天上下山憑空兮月東西後賢接武兮擅英奇龍騰蚪踊兮耀雲逵樹德兮發山川之靈秀人傑兮際元會之昌期

鏡山賦并序

教諭　孫之騄

暮春之月百草萋萋顧望有懷不能自遣乃步出東門至於後田沿溪行水光泓澄儵魚出沒於清潭歷歷可

數土八曰鏡溪也岸多大杞紛敷蔚藹夏月淸涼揚素波以濯足蔭垂陰以爲蓋徘徊相佯游精域外行里許過丁步上沙洲見羣峯嵳峩壁立中有小山焉平圓如鏡之在架上土人曰此鏡山也山路紆迴迤邐有亭翼然樓閣差參隨勢下上綠苔分徑蒼岑對室隹木美卉蔥蘢翠容每晴開曙景天風歛黛俯聽鏡潭之淸洽目眺廛市之鱗萃平楚蒼茫恍然在目噫是山也高不出羣峯之上而獨以鏡名其體是陰陽之爐鑄化工之鎔範有私於造物者矣乃爲之賦曰

視形責影能見形容視人行事能知吉凶鏡之爲用萬象昭融拂拭斯明塵垢迺蒙豈若兹山不藉磨礲至靜德剛含物化光凝耀炯炯散彩洋洋不將不迎應物無方同寶錄於良史隨善惡而是彰魍魎逢之而立辨魑魅匿影以潛藏山雞見而起舞海鳥集而翱翔惟鏡之明可以鑒形惟鏡之清可以洗心清本不濁明豈能昏不濁不昏故能籠百態燭无垠上洞玉清下徹太寧日月竝曜星辰列陳大哉鏡山豈徒章山之銅鑄而成質抑亦大塊元氣結而爲山者乎是以君有鏡以平政臨

下必簡臣有鏡以勵節在邦必聞若夫山不稱嶽谷不出雲屯邅千古泯滅誰論玉鏡沉埋蔓草縱横禽鳥栖陽熊虎屈陰寒泉懸涌浚湍流帶林薄叢巃嵸蔚隱藹東方曼倩見而稱曰惚兮恍其中有象杳兮冥其中有精洞碧空其何際湛清潭其絕底鸞舞翩於曈曨龍怒鱗於清泚淮南王曰旨哉大夫之體物也

傳

貞女葉氏傳

知處州府周茂源

栝山奇峭栝水清瀉毓秀閨閣代有其人使潛德幽光與蒼雲併散亦有司之恥也慶元有葉養姑年十三刲股以療父疾字吳氏子良彩媾盟雖訂鴛侶未偕聞良彩之訃堅請從母赴弔即留守志不還姑疾即以事父者事姑姑感之擇嗣令撫甫及成人旋復不祿復以撫嗣者撫孫居雖庳淺步不移閾家即絕粒丐不乞鄰稱未亡者六十一載既嫺女戒深諷貝經於順治十六年

無疾端逝慶人爲立祠源親式其閭杯茗致奠而長揖以禮之

節婦周氏傳

知縣　徐義麟

節婦周氏已故儒童吳公望妻也十七于歸甫一夕而夫亡氏悲泣絕食誓以死殉姑季氏係名家女以大義諭之曰汝慮無後耳今伯姒陳現在有娠生男卽以繼汝則汝夫一脈得以接延且代夫以修子職俾予失子而有子節孝兩全不爲計之善乎陳亦欣然謂曰姑命誠當余雖首乳必不嬏吝也氏再拜遵命悲啼泣有傷

姑心更温容奉事已而陳果生男取名曰超氏殷勤顧復既長不辭家貧事紡績以資讀幸遊泮水并爲娶其姑之姪女孫關關以爲之室夫何天堅苦節超甫生子而身亡氏痛哭不勝幸媳季氏抱兒跪稟委曲勸解氏憂稍舒可憐家徒四壁姑媳二人惟藉女紅以資口食而足不出闔口不道貧所尤難者甲寅耿變氏避寇於鄉常懷刄自隨誓死無二眞所謂貞節天賦窮且益堅者也余視篆斯土廉訪幽貞知氏之清操彌厲媳季氏同持苦節孝道堪稱旣以一門雙節褒美之續兩次詳

請邀恩入告迨

綸音將至而氏已溘然逝矣余奠以文復撥負郭官田一十六畝零俾其子孫永奉祭祀今

旌坊建於康衢行道通知懼歷歲久而苦行漸湮且其姑媳伯姒一家之懿德弗著也因按其事實始末而詳紀之俾觀者有所感且百世不朽云

賢母季氏傳

知縣 譚正坤

夫玉爲上瑞次之石爲下於物固然夫人則亦有然者矣讀烈女之傳彼女子聰敏皆能解之詠柏舟之詩彼

窮巷幽姿亦能佩之亦惟臨文感喟已耳若乃天以貞授人常在巾幗以映玉之姿不欲碌碌如石者乃爲善承也懿閨中之秀偉林下之風擬之而有合者孰如吳生仙洲母季老孺人者乎跡其夙佩内則載賡善懷柔嘉淑愼長而適人偕老固其初心如賓亦其能事而不幸芳槿殞秀逝奪良人有願未遂傷如之何自此以往幾無意人世矣且内助而兼外治心之操也慮之决也切倍候而筭患治緜而勞雖有基勿壞而難持者家計時縈紆於日夕飲蘗之方寸主中饋纍酒漿事猶常也

體予弟之嗟劇妯娌之愛又其常也至顧憐稚子依依膝下長則計齡纔六次則計歲方三爲其計長久求成立期克報於地下者腸經一日而九迴用是遣就傳處庠序尅其期而大成九年常欲以和丸之助收之而果也令德之克立令名之克樹持寸草答春暉慰慈母之設心者猶是當前依依膝下之令子此雖師儉占後人之賢而根深木茂源遠流長實本於長育顧復斷機示訓而來者也其有額曰晝荻可風見賞於莫公觀雲者良至協壽母之譽爲厥子厥孫奉鳩杖而誌萱草壽之

徵孰非節之報乎孺人產自望族適於高門計初寡時年二十有五迄今計年七十有一邦人士高其節而持公論自有確見者在余與吳生質文有素已知其畧竊不揆譾陋而樂爲之傳焉贊曰猗歟吳母譬彼柏舟揚清激濁砥柱中流四十六載勁節是遒齊家禮法鍾郝堪侔青年失鵠白首扶鳩承顏養志嘗念其篝燈晝荻而勿負乎先世之貽謀旹嘉慶戊寅孟冬中澣之吉

節母姚孺人傳　教諭　沈鏡源

孺人母氏姚系出邑中望族其尊人庠生名斐儒脩爲

業孺人自幼嫺習古訓性貞淑不苟言笑十八歲于歸吳松蔭公爲室孝事翁姑恪勤不怠躬操井臼相夫子以禮不幸二十九歲所天遘疾而殂孺人誓欲身殉但藐孤坦然年甫六齡常顧而啜泣曰守節難撫孤尤不易苟不克俾成立無以對亡人於泉下於是紡績之餘篝燈課讀有古丸熊畫荻風親黨閭里莫不交賢之迨生成立遊庠食餼蜚聲庠序前邑侯黄以義訓成立旌獎洵不誣也孺人享年七十五歲計前後守節四十餘年例合請旌生以遵慈遺命有待今後嗣昌大餘慶未

艾支孫用光用中俱相繼入庠可知天之報善不淺亦足爲邦人士表式矣余不敢没善因爲之傳贊曰自來[illegible]德節孝最艮艱貞之操歷久彌彰冰心鶴髮凜若嚴霜躬操井臼盡孝翁姑親睦族黨教子義方四十餘載辛苦備嘗賢聲播著淑德褒揚令子文孫克繼書香光昭志乘曰篤不忘旹道光壬辰八月初吉

節孝姚季氏傳　　黃煥

竊維靈淑之氣聿昭誕降之奇故忠孝之懿範爲五行之精英而節義之芳徽實萬世之模楷也夫宇宙英華

蓄而必洩豈幽光潛德隱而弗彰予攝慶篆訪得故增生姚芝之妻李氏係貢生李瑛女職員承恩母也出於望族配自名門幼在提攜即諳內則長離襁抱親習孝經未結褵而跬步端詳方及笄而儀容淑慎時咏于歸動無踰禮既稟幽閒之質復著貞静之姿勤治內而佐讀有方孝事親而色養維謹倡隨六載忽傷鏡裏之孤鸞矢誓終身竟比雲中之寡鵠盡婦道而代子職以母慈而兼父嚴織麻能著論勞直效夫敬姜畫荻可傳昔教克紹乎歐母久矣心堅冰雪誠哉節凜松筠姆訓夙嫻

賦偕老者二十二歲夫婿早逝稱未亡人一十九年故宜喆嗣傳芳名登國史竚看文孫競秀業振家聲此誠節孝之兼隆抑亦報施之不爽也廼於政暇之日恭請題旌以垂獎勵復於坊建之時樂爲贊傳以誌表揚

吴將軍陳仁傳

教諭　丁葵

吴將軍陳仁者三都陳村人也微時販豕爲業其翁握瑜多智謀仁聽其言多奇中康熙十三年兒三桂耿精忠謀逆慶元地連閩界復嶺崇灘賊設爲防守泒勒兵餉愚者與之黠者避焉陳仁笑曰吾方思効尺寸若輩

何怯也時賊兵一據仙霞嶺一據石塘嶺康親王議取仙霞令貝子福拉塔分兵攻石塘仁瑜趨郡見巡道姚啓聖進謁王曰石塘至慶不遠願募兵爲先導王錫以蟒衣命仁爲副將瑜爲守備付以委牌安民榜示劉副聽其委任仁集義兵殺僞官周虎等及賊兵三百餘時傳大將軍將破石塘進勦各邑兵未至仁乃劄娄吳允吉吳任之李繼賢等退屯楊墩秋僞防守引僞官張嗣端及賊兵焚掠各村仁遣任之斬吳懋莊等父子及全立孝一十二人賊氣奪大將軍給仁綾劄往建寧招募

貝子從仙霞進發仁繪地圖進時賊將徐上朝踞石塘貝子西進向敵密令仁瑜引啓聖及總兵陳世凱從石塘後取路石門坑賊方注視大軍不虞奇兵猝至大敗賊兵殺賊兵數千石塘既破而松遂諸邑皆復仁瑜率本部兵由小徑取慶元遇賊殺僞將吳啓傑等恢復慶元而松政壽等邑亦次第收復敗賊殘黨過慶仁特出奇截殺僞官胡俊英胡招弟乃出竹口迎貝子軍下松溪會王於建寧耿逆平鄉兵各受賞歸農王以表章義民事具題奉

吉吳陳仁等抗賊守義殺逆可嘉部議交督撫獎賞錄用時巡道姚啓聖進位總制征漳州陳仁副將護理延平都司握瑜補授汀州中軍守備隨征没海及臺灣廈門皆有勞績陳仁卒於任所握瑜告養親撫柩還鄉遷居政邑城內卒於家其先後受賞於王貝子獨爲寵渥同時劄委諸人有姚英姑及蕭岐輩皆附仁瑜而成名者也

周雅先先生傳

知縣　鄒儒

栝蒼素號小蓬萊而松源山水又極奇秀如城外石龍

龜水諸勝皆天然靈異有繪畫所莫能工者故建治以來代有文明之士應其運辛酉秋予下車之始延訪邑中老宿以主義學諸生咸稱惟周君堪副此任因備束幣延之君自處闇然不樂干進予於公餘造館課試始獲覯君面而平時足跡未嘗履於邑庭以視世俗之士一爲有司延攬即借爲晉接之階懷中剩刺朝暮來見一覯面輒躡足附耳語刺刺不休反目持方守正之士爲迂拙者真不可霄壤計君可謂有道士矣君郎世儫少年勤學爲文雄偉軒豁筆力可辟易千人與君同愛

知於學使　鄧東長先生君膺薦貢成均浚試高等食餼才名噪一時予嘗謂僚友曰松源山水靈蘊百年今得君春風絳帳陶淑多士豈其無成效歟予與君有相知之雅不揣不文握筆爲歌表君之行歌曰松源山水地闢天張蘊積磅礴鍾毓靈長功名道德節義文章代有其人史册炳光于茲百年精敷華藏豈終秘匿鬱久必彰君抱鴻才力學自强一芹拾芥名振宫牆古道自處澹臺是坊經明行修明廷薦揚鶴鳴有和向歆繼芳青緗世業多士景行馬帳蘋湖于焉頡頏龜水澄清龍

山奮昂天馬騰躍霞帔堂皇耀精煜采聚於一堂薰陶涵泳教澤無方屈指風雲並轡翱翔作棟作鈞手出工艮耄耋期頤壽考無疆我撰小詞爲君晉觴請君大醉放眼括蒼先生諱之晃字雅先號省愚生於康熙壬戌卒於乾隆甲子享壽六十有三

吳厦峯先生傳

知縣 關學優

先生吳姓爲慶邑望族其先世吳彥申公文成一家登政和壬辰進士吳巳之公倜儻宏博登寶慶丙戌進士吳松龍公讀書多創解登寶祐丙辰進士而先生乃生

數百年後以文學顯殆繼起中之一人也先生幼聰慧甫弱冠即通五經子史且慷慨有大志視取科名如拾芥年二十以榜首充弟子員二十三食餼四十八以歲選成均貢士候補儒學司訓計閱歷數十年凡歲科兩試七次冠軍　學憲寶東皐先生最器重之顧乃八戰棘闈戊子科薦擬房首得而復失論者咸謂先生豐於才而偏嗇於遇為大可惜也先生性謹嚴訓子姪以義方嘗掌松源書院及其門者皆莫不愛之敬之又喜著書遺有厦峯文集十卷山輝堂詩草四卷待刊行世已

未夏余奉 憲檄重修邑志因廉得先生之爲人屬筆從事閱數月而剞劂告竣其間攷徵確序事明傳疑傳信取裁一歸至當是故旨遠而文言曲而中茍非先生纂輯之力曷克臻此歟且先生非獨以文字顯也夫人有真學問必有真人品然後可卓立於儒林維風俗而扶名教余竊念涖慶有年先生所居後田庄亦距城不過一里乃先生兢兢然慎於出入不屑奔競間以公事延訪則先生至否則閉門自適頗見先生而不可得余仰止子游而竊幸邑有希蹤澹明其人者夫亦足爲當

世風矣先生諱元棟字德粱號廈峰生於雍正丁未卒於嘉慶壬戌享壽七十有六

吳景韶先生行誼傳　　　教諭　朱鋼

景韶吳先生名家成慶之守道士也余自戊辰歲秉鐸茲土悉其高誼善行爰謹誌之先生幼而穎異年未弱冠補弟子員善事父母奉養承志得其懽心父母有疾親侍湯藥衣不解帶者經旬及歿哀毀泣血附身附棺之禮概從其厚友愛兄弟析居分產辭美受惡伯仲後先卒友于之念彌深先生於大節攸關固未可一二言

罄也且歲時祭祀先人雖子孫衆多必躬展奠祖父坆塋無論遠近必親往拜掃凡父母生平所嗜好及留遺器具觸目神傷此非天性惇篤何能終身孺慕若是也至收租稅於農佃無力償者教之勤儉不責其租誼篤親族貧而負貸者即焚其劵當甲辰歲歉先生每出餘粟以資接濟俾窮民得以存活其周恤閭里又何如也先生喜讀書老而不倦嘗以古之嘉言善行詳書戶牖以勗子侄間樂山水騁懷自適樂成人之美事善解人之困厄悉心儀古人而行之先後兩配子皆遊庠以克

其家二孺人參內助殆均能觀厥型於先生者前邑尊黄兩堂贈以聯云敦倫飭紀世德悠悠扶清都之名教推重亦云至矣今先生七旬有餘康強逢吉後嗣亦英鵠齊起善哉余悉其顛末而紀之俾有道者將光於史册以誌不朽云旹嘉慶癸酉春日之吉

義士吳昌興傳

教諭　朱鋼

山水奥衍之區往往多異人蓋地靈所鍾也慶邑界萬山之中地脈靈異余自戊辰夏涖任於兹居歲餘乃得吳君昌興其人焉樸陋簡澹非必有超世拔俗之概然

吾嚴其行誼爲近今所僅見者閭少年時家貧艱於糊口儕伍凡民矯然特異及壯力能經營頗有蓄積而獨汲汲於公義邑治後東北有三險要處往來病涉爲獨建橋梁曰尙義曰護龍曰金坑所費貲不下數千而橋當溪流之衝恐其不能保久復捐置義田計租數百登其所入顆粒悉歸諸公爲修葺計一邑之人皆德之董建祖祠數十楹顏曰延陵美奐美輪族望歸焉通衢仄徑凡有礙於往來者悉爲甃石培土親友鄉族貧而不能殮葬者亦必應各村驛樹點燈施茶四時無虛日嗚

呼凡此類雖家擁巨萬未及能行而吳君以單寒起家持守克儉獨勇於義而爲之裕都余嘗綜其急公之財若反而自治營華屋置良田以肥其家亦足坐享豐亨而乃甘處約以全公義豈非出於性生而不矯情以邀譽者歟壬申邑人高其義爲請於官詳咨

旌表

賜之坊曰好施樂善嗚呼亦榮矣哉易曰積善之家必有餘慶殆有然歟癸酉暮春余將辭歸奇吳君之行而榮其遇爲文贈之以誌不朽且爲邑之好義者勸

贈姚竹溪傳

吳興 凌堃

慶元姚氏盛族也其先世多隱德山居深僻近代罕有聞人惟樂善出於人性而虛譽有所弗居者爲傑出竹溪先生諱騎字逸千爲縣學增生於文無所不能然深自覆匿不汲汲於進取處父母兄弟子姓唯孝恭謹厚未嘗出奇言魁行動人聽聞宋蘇軾嘗言無其實而竊其名者無後先生仁不異遠義不辭難而一切名之可居者弗居先生宜有後矣縣有文廟有城隍廟有文昌宮有書院有社倉有育嬰公所或圮或廢或費不支先

生與同志者以新以復必經畫長久計他如族有譜則纂之家有塾則葺之師友之貧而無殮也殮之族鄙之貧而無贍也贍之路有遺骸棄字或掩之或收之又嘗鄙外姑之無依而終其養又嘗封外舅氏之先之墓而爲之碑又嘗平崎嶇於南門之外又嘗建堠亭於北門之外於虖先生固寒畯而能孳孳敦善行若是使生當兩漢以上知不僅以諸生終充其好善之量何所不優而乃心浮於力執絀於時徒使高其義而賓師之者止一邑之長載其生哀其死而俎豆尸祝之者止一邑所

及見聞之老幼男婦宜先生歆然終身易簀時猶戒其諸子毋述毋狀也有子五長鈞培以乙酉拔貢生來京師與余交久伉爽磊落無誑語述先生行事多可信戊子春先生年七十杜侍郎堮爲之敘歸鈞培以壽先生弗自得也是年冬卒辛卯鈞培復來京師適雷陽黃煥後至曾宰慶元稱賢吏偶與語輒道先生行善不置聞之益信爰述其概以備志乘之采

歲進士葉君傳

教諭　沈鏡源

葉君名之茂字松濤城東人善讀書明大義自少失恃

侍奉後母克盡孝道不逾所生凡親有疾必躬親湯藥一切竭情盡誠蓋由家教克承亦天性純篤使然且秉性慈祥立心公正凡修　文廟文昌宫嬰堂社倉宗祠諸盛舉亦無不捐貲樂助并董理其事始終不懈至若脩橋亭砌道路所以利物濟人者悉捐貲佐成之嗚呼葉君行誼卓卓如是可謂鄉國之善士矣余下車之始君適遘疾垂危不克一覿面爲恨因署任詹雲航詳述其遺行竊心儀其爲人今值修志乘伊子榮葵亦門下士恂恂篤實亦余心所夙契茲邦人士以其尊人狀來

告余不敢没其善行爰援筆而爲之傳

王茂才小傳

教諭　沈鏡源

戊子歲余奉命兼鐸是邦下車日諸生來謁有王生成績者器宇英特叩及經史俱能成誦心甚器之細詢來歴知生年甫成童早負時譽縣府試輒冠軍十八歲受知　朱部憲以第三名入庠嗣後校閱書院官課及月課卷喜其文筆超拔且行止亦恂恂儒雅决爲遠到之材庚寅歲試循例舉報優行辛卯科試　李學使拔取第一名補餼去秋恭遇

恩闈余期其獲雋以爲力學者勸詎知福慧難全七月間以攻苦遘疾不克應試至九月竟致不起當此白髮紅顔藐孤呱泣撫懷四世心甚感悼余撿閱生遺稿擬梓數首以慰泉壤盖悲其志之未伸且惜其才之見厄也猶幸善人有後是亦天之未喪斯文也夫現值 吳邑侯修輯邑志採訪遺行爲綴數言以附簡帙之末云

道光壬辰歲八月初吉

知縣 吳綸彰

田茂才艮小傳

余視篆濛洲甫下車亟詢及邑中之秀髦盖宰所與廣

教化美風俗壹統類者惟此一二有本有末之士爾慶之北土竹口有田生艮兒翁者頗有讀書聲余聞之心許可焉庚寅余至竹口停驂所憇堂生之父嘉修亦邑明經以公事至余見其人謹厚而知其子弟必慤愿也艮明經長子幼時日誦千言穎悟過人因家貧急於治生讀書稽古僅以餘力及之及應童子試陳前令以生冠軍蓋艮於此事實有宿根者生至性醇篤志學之年即代其父經紀家務其父先豐後嗇然性豪好施而生雖處空匱之時所以承親之志者務期如親之心而後

姿以故年未弱冠以孝聞生在鄉黨恂恂如孺子處醜夷恭敬遜讓未嘗有忤物之色噫以余所聞邑中之彥如昆者其殆路質未虧余懷信芳者歟辛卯冬其弟謙余門生也以其兄昆行狀乞余爲作傳余撫膺太息曰田生行誼有本有末余聞之久矣今年方英妙遽大還此豈特田氏之不幸哉耗至余心惻爲之傳以誌余悼

儒童吳思榮妻許氏節烈傳

教諭 呂榮華

古今所稱未亡人者，豈必以夫亡與亡之足貴哉？上而孝養公姑，下而撫養子姓，蓋一身所仔肩者重矣。誠以祖宗似續之事爲大，而以輕生捐軀之節爲小也。然而草野之中，有其心不可回，其志不可奪，其生不足重，其死不足惜，從容就死，豈不獨生秉天地之正氣，不必讀孔曰成仁、孟曰取義之言，而激發於至性至情所不容已。其烈爲尤難爲，而其烈亦足以愧千古之偷生畏死者矣。如慶邑儒童吳思榮之妻許氏是已。吳思榮娶妻許氏遵弟雞鳴昧旦伉儷甚篤道光二十三年秋八月思榮年二十而病卒其妻許氏年方十九誓欲與之同棺經戚黨苦勸之而止其後日夜號泣隔七日而投繯自縊矣嗚呼其志堪千秋其烈亦堪千古豈獨扶綱常而植名教振末俗而挽頽風哉推此志也雖與日月爭光可也余故急爲之傳登諸邑乘以表揚其節烈云

儒童吳思榮妻許氏節烈傳　　教諭　吕榮華

古今所稱未亡人者豈必以夫亡與亡之足貴哉上而孝養公姑下而撫養子姪蓋一身所仔肩者重矣誠以祖宗似續之事爲大而以輕生捐軀之節爲小也然而草野之中有其心不可回其志不可奪其生不足重其死不足惜從容就死誓不獨生秉天地之正氣不必讀孔曰成仁孟曰取義之言而激發於至性至情所不容已其烈爲尤難焉而其烈亦足以愧千古之偷生畏死者矣如慶邑儒童吳思榮之妻許氏是已吳思榮娶妻

許氏連弟雞鳴昧旦伉儷甚篤道光二十三年秋八月思榮年二十而病卒其妻許氏年方十九誓欲與之同棺經戚黨苦勸之而止其後日夜號泣隔七日而投繯自縊矣嗚呼其志堪千秋其烈亦堪千古豈獨扶綱常而植名教振末俗而挽頹風哉推此志也雖與日月爭光可也余故急爲之傳登諸邑乘以表揚其節烈云

吳王氏吳葉氏姑媳雙節傳

教諭 呂榮華

竊維坤輿靈淑之氣鍾爲賢淑毓爲閫範其揆一也所難者以賢淑而守苦節之貞以閫範而堅松筠之操尤足以維風俗于千秋扶綱常于萬古也而天之所以報施節操者亦不爽也然余觀古來陶歐之母氷清玉潔畫荻之[illegible]屯困而亨者亦或代有其人而未有守苦節之貞堅松筠之操萃于一門亚之兩世如節母吳王氏吳葉氏之姑媳雙節也節母吳王氏係國學生吳其珍之妻節母吳葉氏係吳王氏之媳吳耀祺之妻當日吳

其珍元配吳王氏以已無所出力勸伊夫再娶葉氏生子耀祺足以延宗祧于勿替矣則可知吳王氏以似續爲重絶不存嫉妬之私方之古今賢淑閫範之慈惠蔑以加矣而無如耀祺既生之後其珍遽爾溘逝吳王氏年方二十痛不欲生戚鄰咸謂撫子成立亦可慰其珍于地下矣于是與葉氏同心撫養一如己出經理家政訓以義方俾耀祺弱冠應試蜚聲藝苑而耀祺又能仰體慈訓急公好義捐金數百兩修理西洋西坑橋梁又捐金百兩置茶田鄉租一百把爲行旅茶火之需何耀

祺德之厚而心之純也亦可見其母之訓子有方也又爲耀祺娶媳葉氏生子未育葉氏年方十九而夭何又奪耀祺之年耶豈蒼蒼之天欲玉成此雙節而故爲此困阨使兩人窮而見節義乎惟時其媳含淚忍涕勸姑以嗣續祖宗爲大于是以宗康宗杰爲繼奉姑晨昏侍養勿懈至其姑臥病周年親奉湯藥無微弗至撫養繼子更加慈愛今繼子俱已成立矣而又經理家政急公好義一如其姑之賢淑督課諸孫寬嚴並濟一如其姑之訓誨則苦節之貞松筠之操不與其姑媲美乎而又

加以事姑之孝則天之所以玉成節操報施節操者固不爽也夫闡揚潛德亦司鐸者之職也余故舉爲雙節傳以示世其足以維風俗而扶綱常者又非余筆之所能罄焉爰以節媿陶歐匾額表之

姚封君孔厚傳

教諭 孔憲采

余權鐸慶元知城廂紳士多忠厚長者率皆輕財好義甚欣慕之姚於邑爲巨族尤多善士如和聲君鸞被恩榮輝綽楔載於邑乘義行至今藉藉人口姚之族有字孔厚者聲稱與和聲君埒不可不有以紀之封君諱承恩孔厚其字也別號慎修后用人生甫週歲其父邑增生芝旋故母季氏茹荼撫孤以養以教外依叔祖涵爲宗主年十三綜理家務井井有條年十八以無暇攻苦由俊秀入成均並捐州同銜平生小心謹慎絶無大

意然好義里中有善事首先倡議踴躍輸將俾克成就道光六年邑人創立社倉封君捐穀一千石赴郡達閩有寨后嶺崎嶇難陟獨出資砌成平路又修三都馬蹄隘百餘丈往來稱便敦宗睦族獨修家譜及捨棺施藥諸善舉無不見義勇爲咸豐六七年間逆賊竄江右閩南各郡邑與處接壤又倡議捐修各隘口以爲防堵計迨八年賊由閩之浦城松溪竄入龍泉處州郡邑十陷八九賊氛逼近慶邑竹口一帶已遭蹂躪城廂人心惶惶封君傾囊捐助練勇堵禦危而復安通計捐輸約三

千餘金無吝色人倚重之經前縣粵東黄公焕詳請咨
部議叙准予加一級又隨帶加一級自念幼孤全賴
母教成立無以爲報於道光六年間列母苦節狀籲紳
士具呈請旌旌准予建坊如令於咸豐十年九月　曰
以勞瘁遘疾卒年六十有八原配吴太宜人繼配周太
宜人前後相夫子綜家政成善舉閭里咸稱内助之賢
原配生子二逢治候選翰林院孔目逢　早殤繼配生
子六逢昌由廩貢報捐訓導歷署仙居長興訓導勞績
保加五品銜逢亨以攻苦卒逢正廩膳生逢友附貢生

逢清選用縣丞逢寅候選中書科中書女三皆適士族

外史氏曰余至慶元封君已先卒不及見見其諸子皆恂恂儒雅小心謹畏無少年浮薄氣洵保家主也於此見封君之身教矣其三子逢昌出司訓鐸矯矯如雞羣鶴充其才識前程殆未可量封君慷慨好義自應高此駟馬之門逢昌以行狀請傳故樂得而叙之

節婦姚吳氏事實贊

教諭 洪禹鈞

孺人吳氏父匡誼邑諸生母何氏生孺人幼而穎慧嫻姆教年十八歸城東姚生西林爲室舅姑以孺人舉止有禮甚愛重之孺人亦事之彌謹至於處妯娌以和待僕婢以寬此猶婦職之常不足爲難獨難其舉行善事爲西林勸邑西郊外磨手嶺由慶達閩要道也壁立千仞緣崖而上者幾如蜀道之難行人患之西林起而任事焉度其地上下九百餘丈砌以石可階而升又於嶺上建亭亭內有大士閣藉以避風雨弛負擔撥田若干

畝爲居是亭者供往來茗飲之需費金累千成者西林而襄其成者實孺人也無何西林以勞苦遘疾竟不起時長子文塏甫七齡次文蔚猶在襁褓孺人雖痛不欲生而責無可諉況上有重闈年臻大耋不獨奉養舅姑已也孺人乃於哀毁中簡料家事内外秩然文塏既長命其入塾克自振拔早擷芹香次子亦培植讀書至今猶綜攝其事弗少懈孺人儉於持家而厚於待人里黨交口稱之上年磨手嶺亭爲颶風所壞急命文塏鳩工葺修而亭乃焕然一新然則孺人之樂善不倦洵巾幗

中之丈夫矣豈徒硜硜然守介節之足高哉抑又聞之文壇曾祖和聲公好倡義舉載入邑誌者綦詳宜乎慶衍於後人材蔚起而家熾以昌也余攝慶邑學篆而孺人之懿行實爲門下士所樂道蓋耳熟能詳矣故因文壇之請而爲詞以贊之

贊曰其內助也效孟光之相梁鴻其守義也希齊嬰兒之高風其義方垂教也若歐母之畫荻若柳母之丸熊安韜晦兮名譽隆守困苦兮福祿崇粲粲兮子兮芝擢其秀繩繩文孫兮蘭發其叢事實採入輶軒兮行將上

達夫
天聽流傳史册永無窮

節婦姚季氏傳

教諭 洪禹鈞

節婦季氏九都黄壇村人季爲邑著姓其祖炳由廩貢生任西安縣司訓父應塏充道光庚寅歲貢人文蔚起學有淵源節婦承其教幼時授曹世叔妻女誡篇到口輒能成誦穎慧過人父母咸鍾愛焉年十八適同邑姚生青青好讀書習舉制文字援筆立就節婦亦勉其上進伉儷之間相敬如賓顧青困於童子試未獲一青其衿卒以力學逾度致疾節婦稱藥量水夜不交睫數月間非復人色未幾夫歿哭甚哀慟絶而甦者再以幼孤

文登保守爲重強起稍進飲食而哀毀之心未嘗一日忘也當夫幽閨寂處孤燈熒熒野鳥山猿每易增其欷歔太息之聲蓋子之年差長而節婦之體日羸守節十年未及中壽竟欝欝不得志以殁也嗚呼亦良可慨矣今文登入太學有雋聲惟恐節婦之潛德不彰而具其事實請

旌弁乞傳於余余謂節婦秉坤貞之氣其矢志之堅凝有固結而不可解者年雖不永而言乎操守則一也且此十年中節婦所處之境亦難矣舅姑在堂則曲慰之

遺孤在抱則善撫之妯娌多則各得其和僕婢少則獨任其勞困苦憂愁之地迍而植百折不回之操其殆天性使然歟亦未始非幼時父兄之教陶冶而成之者也如節婦者烏可無聞於後哉節婦生於嘉慶六年十一月初八日巳時卒於道光十三年五月十三日　時春秋三十有六

表節姚孺人傳

訓導謝　棨

節婦姚孺人吳君邑庠生虞揚之配也伯祖潔官刑部員外郎山東學政父海樽郡庠生孺人幼嫺閨訓靜穆端莊不苟言笑年二十于歸事舅姑極孝服勞奉養不懈承歡里人咸嘖嘖稱之謂孺人能敦婦道矣結褵七年生子美先虞揚君志圖上進刻苦用功奈禀質素弱遂成瘵疾孺人日夜焦勞扶持調理衣不解帶者累旬然病入膏肓竟不能起孺人哀毀骨立不欲獨生因自念曰我死舅姑誰事幼子誰撫况吾夫屬纊時諄諄以

事親教子相勵俯事畜任在一身何敢以一死塞責哉乃强節哀主中饋平日峻潔自閑非貞潔婦不得一面家貧不能自給僅以針黹餬口上事舅姑下養孤煢井臼織紝備嘗荼苦及美先稍長課讀甚嚴有和丸畫荻之風而美先克承母訓於咸豐六年入泮迄今延生孫子頭角嶄然英英玉立前訓導吳君景熙以節能兼訓額旌其門人謂孺人積德之報而孺人房室中之淚痕未嘗不漬枕席也同治六年里人以節婦事述於余余卽同邑宰呂公懋榮詳請各

大憲奏聞奉

旨旌表榮樹綽楔時孺人年已五十有八云贊曰夫人當頻遭大故境處艱難雖鬚眉丈夫尚難堅持其操運施其才而況孺人家非素封僅以十指之勞上事翁姑以盡禮下教孤子以成名婦供子職母兼父勞雖古之共姜陶嬰何以加茲嗚呼若孺人者可以風矣

碑

宋故吳居士墓碑

宋 吳昇

吳居士諱浹字子通處州龍泉人也少嘗爲學以家責不暇進取爲人和易樂推人善罕與物較撫養諸弟最隆于友愛父母没喪事既終而不忍析業相與聚居迨今十年三弟愉順執事長之禮比於事父而昆弟之和允爲識者稱道故雖生事日滋而居恒於家事一無所預包容幼稚勸率閫内其外推所餘以賙貧乏又其外則與宗族閭里相從宴樂談善事而已議者以謂莫非

有命父子兄弟之間雖堯舜周公不能保其皆善方其家聲浸隆則昆弟相與同其志力得非天意雖然以居士觀之則又在人而已此古人有不謂命者在是歟竊嘗謂以善人行善事於三代之時皆以爲常而有不復見於文字以傳於後世者及乎世衰道微而彼善於此者得書於春秋蓋物或以多而見違亦或以少而取貴夫以衰世之小善又安足以較三代善人之所爲特以時所宜録故雖聖人有不能弃者則善惡輕重雖古今大公不易之理至是亦不可以定論求也如居士所爲

不惟今所罕有抑亦非小善矣其可以無傳乎以熙寧五年十二月十二日卒享年五十一七年十月葬于松源鄉之望際源祖崇煦以伯貴政殿中丞贈大理評事考穀三娶妣季氏朱氏管氏妻季氏繼室紀氏四男四女銘曰友愛孚于家寬厚聞於鄉所積惟藏厥後其昌乃刊斯銘於焉永藏

慶元陳侯惠政亭碑

括多巖邑慶僻處栝西南四百七十里與景寧龍泉溫泰順閩建寧相唇齒尤爲險阻山坑間小醜往往出沒官兵或不能禁戢積數十年爲害爲之令者豈不戞戞乎其難矣哉唯聖天子明見萬里時勤軫念慎選賢有才者任是職而今平川陳侯實膺茲選下車唱而曰匪兵無以衛民匪城無以固衛二者可不謂急務然兵凶戰危城築費且勞如之何退思者久之深惟坐視赤子橫羅轉掠仁人所不忍剟一方民社寄之我於是捐俸

米代糧餉親帥鄉壯兵奮身出戰於竹口楓塘歷三日夜殲渠首四十級生獲徒百有五十餘直搗巢穴餘黨悉維其啄鄰境同賴以安繼遂經畧版築事條便宜上監察守巡報可乃行邑寺田查備寺僧焚修外召賣月餘得田金七千餘木甓瓦石之材抹度築削之力咸以取足屹然保障延袤七百餘丈通道於八閩慶元路稱周行自茲始父老搢紳感其惠政騒騒乎頌聲作矣咸曰兵以靖亂一時城以設險萬世我侯安民之功大且久若是觀風氏最其績爲兩浙第一丁未侯當入覲父

老搢紳又方憂其遷去相與謀立亭鐫石以紀不朽予爲令之職首惟安民而侯處其時艱乃克施其賢有才以底平禍亂以保乂茲一方斯不爲思艱圖易舉稱其任者乎予仲弟子揚始以天官郎王東廣試事得侯之文覘其不凡也觀侯之作用實能攄發所蘊廼知文匪空言而予弟之識鑒亦於是驗云抑先王所恃以治安猶有進於是者不兵之兵不城之城仁義是已侯筮仕以來執道範俗知既足以達此肆令胸富甲兵爲國干城應變秉經綽有餘裕裒然爲循良稱首有以夫由是

推之他日施於四方何莫而不爲慶元也金鄉經衛劉侯嘗與督城役謁文是爲記嘉靖貳十陸年正月之吉

朝議大夫福建布政使司參議東崖王澈撰通議大夫太常寺卿兼司經局正字直文淵閣侍經筵預修玉牒國史官清泉周令書篆

革除夫役碑

知府　李　昉

爲覈禁仍派事乾隆五十九年五月二十九日奉布政使司田憲牌內開乾隆五十九年四月二十六日奉巡撫部院吉批發慶元縣民陳光梅等呈稱身等慶邑小民雖居山僻當差繁苦每於大小各村私立額規大村六夫八夫不等小村四夫每於差喚不敢不到皆因當差無價給發有力之家私自津貼書役無力之民遇差即拿而又需竹要木責任貧民辦繳惟勘當官不知發價上年恩蒙前撫憲長洞悉民隱出示嚴禁在案爽如

兵書姚德賢工書吳春慰仍踵舊習勒派如故呈叩嚴行示禁等詞奉批藉差勒派久經飭禁該縣何得尚踵前弊縱役累民大屬不合仰布政司嚴行查禁仍候本部院通飭曉諭一體革除等因奉此查藉差勒派久經前撫憲及本司通行飭禁在案該縣何以尚踵前弊縱役累民大干法紀合行嚴查禁革仰府官吏文到立即先行出示嚴行禁革等因奉此當差勒派久經各大憲並本府嚴行飭禁在案茲慶邑民陳光梅等具控乃尚有不肖書役仍踵舊習津派累民深堪痛恨除飭縣查

報詳寃外合亟出示嚴禁爲此示仰闔邑書役及夫頭人等知悉自示之後各宜恪守律紀毋許藉差滋擾派累閭閻設遇差使公平僱用毋得違例勒派鄉民倘敢陽奉陰違仍蹈前轍定卽嚴拿按律定罪本署府言出法隨斷不寬貸各宜凜遵毋違特示

右碑於乾隆五十九年六月二十四日由府給發知縣李寶型奉文傳諭邑民於縣門前五都坑口竹口等處勒石示禁永垂不朽

革除採買勒貼碑

知縣 吳綸彰

爲嚴禁勒貼以安閭閻事道光十三年九月二十九日奉布政使司程憲牌內開道光十三年八月二十六日奉巡撫部院富憲札案照慶元縣監生范邦長范邦基生員蔡克奎田嘉錦姚應階吳國銓吳瑩民吳天棟范尙來葉安單田寶樹寺赴轅呈控庫書吳善繼將倉穀改名官穀陡起沒價自索之例不論已未奉買年歲藉完糧時挨次白貼大戶貼穀小戶貼錢不等稍有不遂則完糧不收串差鎖押等情一案業經批飭處州府提

訊究報飭司給示發府勒石永禁等因奉此查採買勒
貼久干例禁茲慶元縣監生范邦長等以該縣庫書吳
善繼借採買倉穀爲名勒貼穀碩錢文如果屬實自應
嚴行懲辦弁恐將來或有此等情弊應行永遠禁革以
杜後患除飭府將控案提訊究辦外合行發示勒石嚴
禁爲此仰慶元縣官吏紳民人等知悉嗣後縣倉如非
買補之時縣書縣差固不得無端需索卽遇有買補縣
官總應就米多價平之處按照時價發給官銀公平採
買如倉斛大於市斛應照倉斛價錢給發官自運倉毋

許向有糧之家按糧勒派短價浮收倘敢陽奉陰違一
經訪聞或被告發定行官参役處决不寛貸各宜凛遵
毋違特示

奏疏

請予議敘尚義疏　　國朝巡撫　劉彬士

爲尚義輸捐詳請具題議敘事文選司案呈吏科於道
光九年六月初四日吏部抄出浙江巡撫劉彬士題請
議敘一本該臣看得定例士民人等捐修公所及橋梁
道路實於地方有裨益者由督撫具題造具事實清册
送部其捐修至千兩以上或田粟准値千兩以上者均
請
旨建坊如有應行旌表而情願議敘者由吏部定議給與頂

帶禮部毋庸題請又各省地方遇有修築城壩義學社倉等項公事紳衿士庶有樂於捐輸至三千兩及三四千兩者題請從優議敘等因遵照在案茲據布政使慶善詳稱慶元縣增生姚鸞樂善好施修建各項工程並置義田捐義穀共計四千七百餘兩洵於地方實有裨益據府縣取具事實履歷冊結詳請照例具題從優議敘等情到司相應據情詳候察核具題等情前來　臣復核無異除冊結送部外理合具題伏乞

皇上

聖鑒勅部議覆施行等因奉
旨該部議奏欽此欽遵抄出到部後該紳士所捐銀兩業由
該省給予匾額者毋庸再給予議敘外應將捐銀三千
兩以上增廣生姚鸞給予州判職銜等因具題於道光
九年七月十四日奉
旨依議欽此

撲滅齋匪懇予獎勵疏

巡撫 李瀚章

爲齋匪嘯聚滋亂經地方員弁紳團迅行撲滅情形並懇

恩酌予獎勵恭摺仰祈

聖鑒事竊查兵燹之後人心不靖匪徒聚黨結會倡教惑衆最爲地方之害臣抵任後卽嚴行通飭各屬隨時訪查遇有不肖匪徒斂錢聚衆倡立邪教卽行嚴拏懲辦茲據署處州府慶元縣知縣劉濬稟報該縣地處萬山界連閩省匪徒最易出沒茲縣屬山岱村地方訪有齋匪

潛集滋事九月十一日前往查拏該匪竄至四都境內放火殺人招集匪類意在拒敵該縣會營募勇迎頭堵剿該匪聞風竄踞險要負嵎固守距城約二十里許四面搜捕獲得吳啟庭等二名起獲紅布上寫威靈顯應萬古傳名八字並稱首匪頭戴紅巾身披紅布令人喫齋願入教者散給紅布為號糾約閩匪現已聚集二三百人等語詰以首從姓名堅不供吐該縣復於十三日會督留浙候補縣丞吳佑孫並各鄉紳董訓導姚逢昌從九劉其溥廩生潘宅仁兵目八品軍功吳希敏等帶

領民團土勇由飯甑嶺周際嶺鯉魚坳等處分路進剿堵截飭典史戴百川在城防守訓導姚文堦等率城內義團隨後助勢該匪施放槍礟拋擲木石我軍不能近前相持數時即飭縣丞史悠厚分隊由賊卡后嶺施放藥炮適各路團勇會集該縣與吳佑孫督飭丁勇乘勢衝入各隘口駐賊悉皆敗散我軍南北兩路夾追飛令分隊從賊村山后懸崖而下焚其巢穴該縣激勵各處團勇許以重賞奮勇直撲轟斃紅布賊數名拆毀賊棚一座賊仍死拒不下十四日該縣添募勇丁五鼓出隊

仍分道進取自辰至午鏖戰半日賊勢不支竄入山頂我軍奮勇追剿擊斃黄巾賊首一名紅巾賊匪十數人又追殺餘匪一百餘名其被燒毁墮崖死者一百數十名生擒范尙求等五名供稱賊首吳昌彬業經殺斃并有十六日會約破城之語當恐人心驚惶卽於軍前正法起獲日月龍鳳木質僞印一顆篆文石印一顆旂幟多件救出男婦大小百餘名口卽於申刻將賊窩一律平毁我軍陣亡三人受傷二十餘人等情并據處州府知府清安稟報前來臣查該匪等胆敢以持齋爲名聚

衆滋亂樹旂札卡抗拒官兵起有僞印器械顯[illegible][illegible]爲不軌現經該縣營將首從各犯擒斬並將窩穴燒燬誠恐尚有餘匪在逃亟應搜捕盡絕而閩中禁山毘連江浙之處向多不法巡查尤宜嚴密已咨商督臣派撥兵弁會同巡哨一面嚴飭該府縣仍會營督飭兵團並移隣封營縣不分畛域一體協力搜捕務將餘匪悉除以絕後患惟該匪等嘯聚爲害其勢披猖若非該員弁紳團等辦理迅速必致滋蔓仰賴

聖主洪福得以即時殲滅渠魁受戮辦理尚屬妥速該縣抵

任甫及三月即將伏莽掃除該處紳團亦能明悉大義
同心協力迅除巨患似未便沒其微勞除陣亡勇丁被
害民人另行查卹外所有在事出力員弁紳團謹開具
清单恭呈
御覽伏乞
皇上天恩俯准給予奬勵以昭激勸而勵人心所有剿除慶
元齋匪緣由謹會同閩浙總督臣英　合詞恭摺具
奏伏乞
皇太后

皇上聖鑒訓示施行謹

奏同治七年十二月初十日內閣奉

上諭李　奏齋匪嘯聚迅行撲滅請將出力員弁紳團獎勵一摺知縣劉濬着俟補缺後以同知補用縣丞吳佑孫着以本班儘先即補並賞加六品銜典史戴百川着賞加六品銜縣丞史悠厚從九品吳正喜等二員均着賞加布政司理問銜訓導姚逢昌着賞加五品銜生員潘宅仁着以訓導選用軍功吳希敏着以把總拔補訓導姚文墱着賞加布政司理問銜從九品劉其溥監生季

之香等二員名均着賞加布政司理問銜童生劉其淵着以從九品選用以示鼓勵該部知道单併發欽此

請卹陣亡勇丁三名

李開造　沈大維　吳達彩

被難男婦二十一口

周以臣生員　沈大新　沈大耀　楊茂喜

沈士達　沈增維　沈吉隆　沈大本

沈大枝　沈可進　沈可象　周以敬妻吳氏

周思學女青戚　周錦芳媳吳氏　沈大本母葉氏　沈大耀母葉氏

沈士達母毛氏沈吉詮妻朱氏沈可詳母葉氏沈登爵妻吳氏

沈吉豐妻吳氏

請卹殉難紳民婦女詳文　　史恩緯

爲詳請旌卹事據志書局董事吳文淵吳羡金姚逢昌吳炳文季占衔季鑑許作冊姚文瑎吳嘉純季觀韶姚文瀛等稟稱慶邑北鄉前於咸豐八年被賊竄擾該鄉各村庄紳民憤激禦敵不顧身家其中殉難者實屬不少時因離省窵遠山陬僻處採訪不及迄今未曾舉報上年秋間奉飭纂修志書職等分路採訪始得搜羅詳

確現訪得北鄉廪生吳廷珍等二百一十一口婦女趙
朱氏等八口或抵禦而被殺戮或擄掠而遭外亡或從
容而投溺潔身或倉卒而抗拒殞命均爲忠烈克全殉
難堪憫叩賜察核詳請
旌䘏一面刋入志書庶免湮没等情到縣據此卑職細加
採訪吳廷珍等委係抱忠守義被害捐軀似應俯如所
請以慰幽魂理合備文造册詳請仰祈
憲臺俯賜察核轉詳實爲德便
被難紳民二百一十一名

吳廷珍廩生　許得雲庠生　冀　松從九　潘景圖監生
季　星　季錫樹　季世朋　季錫珊
季應昌　季逢辰　季必建　季錫璣
季必當　季錫琇　季仲策　季必聘
季錫勇　季錫篕　季仲修　季仲法
季必阜　季錫春　季必猛　季仲桂
季錫玥　季必桐　季必載　季錫琦
季必速　季必鍊　季必均　季仲來
季仲才　季必棕　季錫喜　葉發滿子仝

閻正賢　吳俐起　李炳薰　沈培明

沈朝元　沈朝周　徐國相　吳維柱

吳啟成　潘福安　淩成利　余丙積

沈士俊　朱魁溫　李愈明　周錫炳

葉邦學　姚瑞滔　許得源　葉老七古

李良森　賴德才　周朝富　王周清

陳正芳　王福富　吳福訓　毛明松

蔡老四　吳應椿　吳承基　許獻君

陳福登　陳旺福　劉賜麟　謝國照

劉賜達　周增朝　陳達金　周增高

周增長　蕭文興　沈達貴　吳思明

吳居明　吳分浩　吳貴森　李開通

吳必聘　李奇燦　潘美祥　劉葉進

沈承沅　李開桂　李兆呈　朱繼波

吳定成　　　　　邵祥順　周賜林

許應森　許廣然　許應黨　許應拔

許鑑然　許藹然　許卓然　許應韶

許子光　潘美江　蔣秀助　溫傳明

許應南　許應科　黃開基　吳正壽
吳得有　陳承家　陳承高　陳承義
陳國柱　楊茂富　楊學仁　楊登燦
楊世富　周世仁　吳應煜　羅寶生
吳廣川　吳漢明　吳永成　吳統成
吳元成　吳國浦　吳國寅　吳廣謨
朱世順　吳玉成　吳元翰　蔡正洄
吳光貴　田如理　田如坤　闞安齋
吳維材　吳啟廣　吳得榮　吳秋分

閻安協 張得旺 田實貫 王登瀛
姚光太 吳嘉木 劉老三 田如留
吳維回 吳維庸 吳思云 吳得照
王羊兒 吳奶弟 雷富有 王牛兒
田方澤 朱奇川 吳培成 蔡錫賢
陳齊珍 田如增 田實芳 吳啟智
吳維黄 吳啟根 吳得光 吳維禮
吳維孝 陳維有 王康弟 朱奇寶
王登富 范秀甲 張紹宗武生 張西元

張懷元　丁朝林　丁朝華　季立海
沈文立　沈文忠　季吉朋　朱秋義
季朝楚　朱廷鑑　練德良　丁德寶
王新滿　范賜錫　楊得向　沈士仁
陳福奴　朱得壽　吳坤恒　許水弟
黄秋隆　王朝頂　汪茂林　黄世木
邵慶林　周崇山　林增川　吳乾松
沈新發　邵慶生　許巍然
被難婦女八名

趙朱氏　沈士仁妻□氏　季仲猛妻□氏　周增養女

周增祚妻季氏　沈大邦妻蔡氏　李開桂妻謝氏　練承寶妻吳氏

右咸豐八年慶邑被難紳民婦女共二百一十九名，現於光緒三年三月詳請旌卹，仍恐日久湮沒，特將姓氏分別刋列，以見地雖僻小，當死生之際，而從容就義者固不乏人焉。

箴

書濟川中宅祠堂四箴　當湖陸隴其

父子箴

子孝父心寬，斯言誠爲確。不患父不慈，子賢親自樂。父母天地心，大小無厚薄。虞舜曰夔夔，瞽瞍亦允若。

兄弟箴

兄須愛其弟，弟必敬其兄。勿以纖毫利，傷此骨肉情。周公賦棠棣，田氏感紫荊。連枝復同氣，婦言甚勿聽。

夫婦箴

夫以義爲良婦以順爲令和合貞祥生乖戾災禍應舉案必齊肴如賓互相敬牝雞一晨鳴三綱何由正

朋友箴

損友敬而遠益友宜相親所交在賢德豈論富與貧君子淡如水歲久情愈真小人口如蜜轉眼君讐人

原序

知縣 程維伊

粤稽歷世御極典章脩飭一統有志方岳有志列郡有志牙籤汗牛富於二酉復爲縣志何居古侯國皆有掌記之官今之巖邑非古之小國乎政事之因革人才之盛衰地理之形勝田土之肥瘠物産之厚薄風俗之淳澆與夫天變人謀莫不於志乎察其源流驗其盈虛俾賢者有所觀感愚者有所懲戒此古今之權衡也慶元建於宋之寧宗歷四百一十二載從未有志迄明萬歷四年邑令沈君始搜家乘訪野老起而草創之尋四十

六年邑令汪君復加脩葺崇正十五年邑令楊君僅補闕畧于玆又三十年所其間兵亂相尋殘編散失益歎文獻無徵伊治慶九載服官之初即訪詢舊志故家耆老僉云丁亥兵燹版籍盡燬即鄉士夫家亦無有收而藏之者數購之不得壬子冬奉 部檄徵邑志彙上史館修一統大志以繼隆古盛事伊徧搜閭閈僅得殘志二册蠹嚙之餘首尾殘缺乃掃雲鶴堂召邑諸生雅有文行者與之商確而屬筆焉蓋慶雖越東之蕞爾財賦不居充斥然語山川則有百丈之勝歸然犁空爲神

仙窟宅可與天台地脉鼎峙寰中語人才則有先哲劉公殿試第一文章燚起且如少師吳公耿亮博雅爲中外表望陳大宗伯吳少司徒胡中銓諸公踵蹟朝端名喧九垓尤異者王黄門讀卷而識文信國古誼忠肝以得士賀可謂千春隻眼流光汗簡若夫寅仲弱冠通籍墨綬出宰忠勇捍國時發節概自許緋衣奉使君命不辱磊磊落落堪與諸邑君子並峙而爭雄使缺焉未備將來政事人才地理田土物産風俗何所徵考歟諸生咸趍伊言皆毅然以采輯舊聞爲任蒐羅故實而不沿

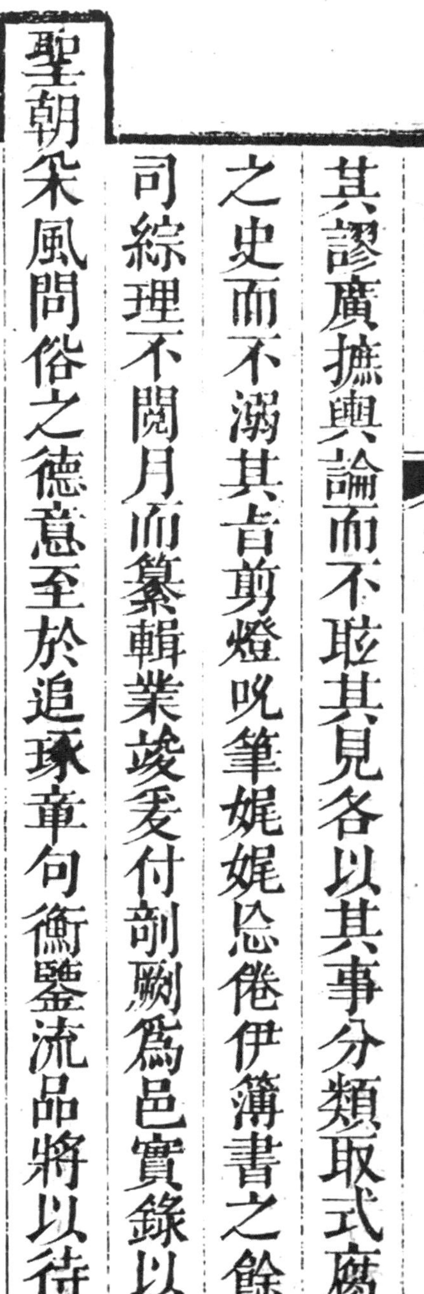

其謬廣摭輿論而不聦其見各以其事分類取式腐遷之史而不溺其旨剪燈吮筆娓娓忘倦伊簿書之餘謬司綜理不閱月而纂輯業竣爰付剞劂爲邑實錄以答

聖朝采風問俗之德意至於追琢章句衡鑒流品將以待後之僑肹云

原序

訓導　戚光朝

慶邑建于趙宋隸梧爲末邑僻在萬山之中瘠賦詘窮黎疾苦不及上聞長吏治行無由表見邑之志前所創脩湮沒無存所謂文獻不足二代罔徵雖叢爾杞宋孔子猶傷之也概自癸未迄今又屆三指天道以三十年爲世其間建置沿革吏治民生芳規懿行不可無紀歲壬子承　部檄徵邑志程侯富石渠之學揚如椽之筆開館編摩偕遴數人佐之而全書盡出侯手裁列體取義做于古史不可增損一字有一登目而瞭然矣侯來慶

九霜蜚聲廉幹精鋭治理功徳隻古士民聲歌共戴其
恩慈舉且以再閱月而規千春之業其垂惠慶邑更悠
且久矣走也才媿典教幸得佩筆續貂聿觀厥成並宜
書

原序

邑人吳運光副貢

昔孟堅志地理後世宗之故寰宇中郡自爲紀邑自爲載皆命曰志即稗官小史各以其耳目所經者筆而存之以徵信於當世邑之有志誠尚矣吾慶建自趙宋向未有志自明世洗公創之汪公繼之楊公又繼之雖標列成牒類皆猥冗而失倫舛訛而弗實適爲博古者所反唇耳歲甲辰邑侯程公以三楚名家握符涖兹土下車時見舊志殘缺文獻無徵遂殷然以搜羅纂輯是任矣噫斯時也千家灶冷萬井煙寒鵠面鳩形嗸嗸道左

一若赤子待哺於慈母侯戴星出入爲之問苦問疾解
衣推食之弗逮奚暇濡毫吮墨以爲纂修計也哉幸今
瘠痍悉起不啻活枯骨而重肉矣爲恩侯九載恩勤百
廢具興黌宫無茂草城堞無復隍津河離蹇裳之憂丁
夫絶小東之歎且清丈而則壤定弁戸而賦税均蘇鹽
困而革耗贈清棘木而勸種植其啐嗟而辦者皆數百
年未習見之舉其取懷而予者皆數百年不世出之恩
我慶之沕感於侯也豈有涯哉民功底定文教覃興適
奉　部文徵邑志侯曰此余夙志也今愜矣于是訪故

老搜遺編疑者闕之信者傳之斥陳而引新削繁而就簡澤鄙陋而歸大雅匝月告成計卷有十山川之形勝政事之因革風土之厚薄與夫理學文章忠孝廉節之可傳者登目瞭然其立體取義悉侯獨出其手裁光雖佩筆商訂無所贊其一辭也使吾慶他日縉紳先生與夫騷人墨士覽斯志之明備因而思侯之功德則遺文剩墨直可當峴山一石迸淚千古遡流風而揚盛烈端可期于後之君子矣

原序

知縣 關學優

縣必有志古昔無志而前人獨有以草創之固難志必重修歷久不修而將來欲有以補續之亦難慶小邑也建於宋代其志古前介沈君創之汪君楊君繼修之大都卒從簡畧至康熙壬子程君分類編載亦由畧而漸詳矣然閱今百二十餘年其間事蹟湮没幾於文獻無徵識者慮之己未夏予來治慶事甫下車竊皇皇然即以修志爲務因偕章癖山胡慕園两廣文延集邑之紳士開館纂修輯爲一十二卷壬子以前不妄損亦不妄

增者從其舊也壬子以後不敢遺亦不敢濫者録其實也書既校定爰付剞劂庶幾傳諸將來而隨時補輯者藉得前有所考亦後有所据也夫

原序

教諭 章觀嶽

竊以書有禹貢周禮有職方而後世之志書以興顧邑不可以無志志又不可久缺而不脩昔朱文公涖南康甫至即問郡志君子謂其知所當務志不綦重乎哉慶元僻處萬山中即古之巖邑也建於宋之寧宗四百一十二載從未有志至萬歷四年邑令沈君始搜家乘而草創之迨

本朝康熙壬子邑侯程維伊始分門別類綜覈紛紜博徵聞見使覽古者有所矜式考事者有所搜尋此固一時

之盛舉也無如歷久就湮湯漶殘缺梨棗所登已半飫
虫鼠之腹矣歲在己未仲夏邑侯關奉檄來宰是邑甫
下車輒以重修縣志爲急務殷殷致問商及於余暨雲
川慕園胡公余以百餘年未經修葺之事一旦得公爲
之倡事在一時功垂萬世其美舉孰有過於是耶于是
公乃延邑之紳士開局於縣署東偏廣徵見聞蒐討裒
輯以舊志爲本而參諸府志及隣邑志統之以綱繫之
以目首紀輿地次詳賦役稽學校之規制考建置之廢
興而且博採藝文蒐羅逸事共爲書一十二卷雖出於

諸賢之手而考訂增補實公一人之力居多焉是書成
俾讀者展卷披圖瞭如指掌而百餘年來其間仁人孝
子義夫節婦風化攸關者靡不搜羅罔缺以之發潛德
而燭幽光使後來者知所趨向豈不盛歟余雖忝在末
議事成之後不禁欣喜雀躍謂不負邑侯闞公奮興之
意并不負諸賢任事之勞故樂得而爲之序云

原序

訓導 胡會肇

粤東關公宰慶之次年奉 上檄纂修縣志擇邑之紳士秉筆草創而公總其成夫自龍門子長作書八章班孟堅因之爲志志之名蓋自此昉劉知幾史通云衆史諸志各自以爲工摧而論之多未得其最又云才識學三者世罕兼之猶愚賈操金不能殖貨巧匠無梗楠斧斤弗能成室甚矣作志之難也邑之有志凡山川形勝戶口賦役與夫壇壝祠廟橋梁關隘皆載之於編而最要者莫如忠孝節廉之事實文章政績之流傳載筆者

矣公矣慎無濫收無漏畧無徇愛憎厥可以信於今而傳於後否則真贗雜揉欄牛圈鹿或妄廁其中而鳳璞長埋魚臂莫剖君有鬼神將不福人吁可畏也且夫言之無文行而不遠胸羅千百卷書造一詞立一意有純粹而入矩無踳駁而出規可以爲文矣徒以烟墨不言供其驅染紙札無情任其搖裂自吟自賞可也出而問世烏乎可今秉筆之士其採訪也公其纂輯也慎其遣言也無鄙野之聲重以關公纘學宏深才長而識審乘簿書之暇以其神營腹笥考殿最而定去留筆走風霆

詞無旒纘元圃積夜光之玉齊廷擯濫吹之竽雖一邑之志詎可媲美佳史而不蹈劉氏之所譏矣余忝同修之任自以學殖荒散蹩坐謝不敏間有點竄等之季緒之瑣瑣耳書既成不復藏其狂言爰綴數語以序之

原序　　吳元棟

六經以外書之可以信今傳後者莫過於史而史之所以能信今傳後者尤莫先於邑志蓋邑志者郡志之權輿史家之嚆矢也秉筆者一有不實或文飾其辭或夸張其事由是而達之郡并達之朝以訛傳訛久久遂成實錄豈得為史家之厚幸哉予邑向未有志自明萬歷間沈公創之汪公繼之楊公又繼之至我
朝康熙壬子三楚程公復倣通志之例別類分門裒集成書其意蓋在速成或得此而失彼或搜近而遺遠識者

徵有恨焉已未仲春　憲檄來徵邑志欲以上晉　史館纂成一統大志用以昭文明之治垂經世之模誠我
朝之盛典也顧前明三志經兵燹之後版已無存而程志字跡又漫漶不可讀壬子以後遺文軼事百二十餘年未經採録將欲呈之　史館而其道無由於是　闗公涖慶之明年徵集各志謀諸學博擇邑中諸生有文行者凡十餘人遍爲採訪而獨以謀野之事屬之於余嗟乎僕之壯也猶不如人今老矣復何能爲且邑志之不修未有疏於此時者也文殘獻佚兩無可徵未有甚於

此時者也　侯當鈴索之暇乃惓惓於邑志之是謀又得章胡兩廣文爲之左右參酌於其間兼三長之德何難建千秋之業若棟者蕪陋失學荒而且耄明不足以周萬物之理道不足以適天下之用智不足以發難顯之情亦惟是借諸君子暨邑中之耆老者相與扶杖太息惟願須臾毋死以觀德化之成耳纂修云乎哉辭之不已而復爲例言非敢以是自相矜許實契我　侯之摭拾淵博抑以幸集腋成裘者之得自兩夫子也於是首稽封域終於藝文爲卷十二以備實録至於政事文

章忠孝節義之屬隸在各門炳如日星覽者自可觀感無待予言之𧄍縷矣是爲序

原序

知縣吳綸彰

竊維邑之有乘猶國之有史國史所以示褒貶明彰癉炳大道于日新邑乘所以辨淑慝昭勸懲維名教于古今洪纖雖別體例皆同我

國家重熙累葉大化涵濡稽古右文崇儒重道固已集四庫之大成合三通而美備矣慶元雖僻處山陬而志乘亦上貢　天府以供採擇溯自嘉慶六年春三月闕前令編輯至今不惟原版漫漶模糊難于披覽且三十年來方隅之沿革風俗之澆淳人物之孝行節烈有關乎

風化裨于政治者恐日久就湮無以徵信庚寅春予來治慶下車後百務蝟集尤拳拳于邑志之未及修也壬辰適奉部文檄徵邑志更覺責無可辭乃召邑諸生與之謀衆議僉同皆願分任採輯是歲秋予捐廉倡修延請學正文醇者分類編補秉欒公正廉明者經理其事復偕沈廣文蓼庵悉心綜覈五閱月而草創始定爰付剞劂上以備

朝廷之採擇下以資士庶之觀摩亦以俾後之隨時增輯者未必無小補云是爲序

原序　　　　教諭沈鏡源

自漢班氏作志後世紀述因之越至宋代有元豐九域志元和郡國志等書日愈賅備我
聖朝命郡邑各設志乘守斯土者非僅以考疆域之廣狹山川之形勝與夫鴻文巨筆垂于簡策者足以供謳吟也蓋如覽形勝以備守禦之要害稽戸口以考政治之得失且忠孝節義時不乏人後將於是觀感焉而物產地宜又因時酌爲變通則邑志所關甚鉅慶邑舊志久未修輯版多漫漶　吳邑侯恐其日漸就湮文獻將莫可

考正適奉　大部檄徵邑志俻史館采輯爰擇邦人士之明通練達者爲之分類采輯互相探討隨時送稟覆加綜覈閱五月而草創畧定不以余謭陋致書往復虛懷商確以蕲完善成書使信今傳後得以俻異日輶軒之采擇焉余思文之有關於紀載者秉筆最難昔陳壽作三國志因其父見髡武侯傳遂多曲筆魏收作宋史因索米不與不爲盧毓盧珣作傳識者譏之今惟是就同人之編纂者考其文義繩以體例繁冗者汰之簡畧者增之裁酌歸于至當復加之脩飾潤色以贊其成亦

惟是芻蕘一得之獻云爾迄今剞劂將竣樂觀厥成爰

爲之序

原序

知縣宋琛

邑志自吳前令重修甫十載稱完善焉壬寅秋因　大憲勾攝軍需稽其道里郵馹奉檄取甚迫其數且夥詢諸吏則曰線裝者無存矣察其意則又竊竊然憂一似終無以復命者越日乃知梓板之遺已幾半矣噫嘻豈藏之非其地歟抑職掌之不得其人歟要之比來失于檢察宰斯土者固不得辭其咎矣冬十月與諸寅好謀補修之呂春泉章曹山兩學博欣然任筆削焉且捐俸以助之貲而董事諸君子亦遂勸以義也爰設局于學署正其

魚曾續其事實於癸卯仲春日開雕兩越月而藏事則
又賴春泉吕君之目校手讎而躬親督課矣方余之初
蒞也取是書披覽之以爲大體既具質有其文得之山
城亦云足矣而孰知其更有進也古之人手訂一編往
往得一二通儒爲之抉剔而愈覺可觀况斯志之修巳
星紀一週矣其孝弟貞廉義夫節婦迄今久而論定亟
宜登諸簡編諒多可採豈不相需甚殷也哉余故樂其
成也樂綴數行以詳其顛末并幸其有以補過焉

程志序錄附

前明沈汪楊三志刻本無存無從考載程志凡十卷康熙十一年知縣程維伊訓導戚光朝重修維時總其綱者副榜拔貢吳運光生員季灴分纂則貢生吳王賓生員葉作梅鮑二酉江南萃吳銓臣季烺劉作愷陳觀德周九如吳鏐葉珪葉嵩陳奇琅張寰樞吳康周卜功葉長秀周奇劉鼎傑一十九人志分十門一輿地其目爲分野沿革疆域形勝城池山川堰陂津梁市鎮街巷關隘營寨坑冶坊里風俗二建置其目爲秩統公署學宮

社學射圃鄉約所社稷壇山川風雲雷雨壇邑厲壇城隍廟舖舍坊表亭閣莊臺塔養濟院漏澤園三食貨其目爲戶口地畝稅額起運存留物產四官師其目爲知縣縣丞主簿典史教諭訓導五治行其目爲官師列傳六禋祀其目爲文廟壇壝羣祀寺觀七選舉其目爲進士舉人歲選例貢辟舉武職援例恩蔭貤封八人物其目爲理學忠節名卿清正文學仕績孝友篤行義俠善良貞節隱逸僑寓仙釋九藝文其目記二十二賦一序一傳一十雜事其目爲災異古蹟邱墓討序三跋一

闕志序錄附

前明志屢遭兵燹無從考載嗣後康熙壬子程志十卷凡主修總綱分纂各姓氏前志已備序錄矣惟嘉慶辛酉主修知縣關學優同修教諭章觀嶽訓導胡曾肇葛覃賢纂修貢生吳元楝校修貢生吳公選余鈞生員季學勤葉邦勳周培陞王元衡繕修貢生余塏廪生吳鑾葉之苞增廣生吳啟甲一十一人志分十二門一封域其目爲分野沿革疆域形勝山川古蹟二建置其目爲城池秩統衙署市井街巷鋪舍鄉都倉廒坊表橋渡堰

陂亭閣賑恤三賦役其目爲土田額徵起運存留外賦
蠲䘏四學校其目爲學宮位次祭器樂器舞器樂章宸
翰謨訓書籍名宦鄉賢學田書院義學射圃五禋祀其
目爲壇壝廟祠邱墓六武備其目關隘兵制紀事七風
土其目爲習尙歲時禮制坑冶物産八官師其目爲知
縣縣丞主簿典史教諭訓導治行九選舉其目爲進士
舉人徵辟明經例貢附監援例武職貤封恩廕耆介十
人物其目爲理學忠節名卿清正文學仕績孝友篤行
尙義善良隱逸僑寓方伎閨操十一雜事其目爲祥異

仙釋寺觀庵堂叢記十二藝文其目記序傳賦碑箴詩茲刻特爲彙記仍從其舊以不沒前人之功業使後之視今猶今之視昔也用綴數言謹紀其巔末

吳志序錄

邑志昉於前明兵燹無存至康熙壬子程君維伊定爲十卷嘉慶辛酉關君學優分爲十二卷道光壬辰主修知縣吳綸彰協修教諭沈鏡源暨校修貢生周大成余銑生員吳登雲吳升階繕修廩生姚樹檀吳大新葉榮蔟生員王勳吳佶採訪廕職吳履祥廩生陳南葉郁文生員吳華吳俊彪吳一麟監生吳廷鈞吳體人吳恒謙葉之芹一切規模悉照關志故不贅續道光癸卯知縣宋琛因舊板收藏不慎間有遺失依類補刻概仍其舊

無所變更亦不復書謹綴數語示不忘云

程邑侯修輯縣志跋

邑人季 灯

壬子冬灯從諸生後趨程邑侯命課藝於育英庄論文之暇語及風物淳漓之變今昔得失之由斯人休戚之故深痛舊志淪亾亟思所以修輯之灯起對曰志不以言而以事若徒托之空言而不見諸行事則有志而無志苟已見諸行事不徒托之空言則無志而有志侯九載於斯政通人和百廢具興已具全志於一心珥筆裁斷卽爲信史茲奉　部檄徵邑乘彚上　史舘删定纂輯正其時也乃詣雲鶴堂召諸生與之商訂考據分卷

類編凡所紀載有綱領有節目斟酌於物情世態之間出入於造化古今之變彰往而察來鑑此而考彼曲盡乎治民事神之理周遊乎疆域形勝之大審時度勢引乎前而慮乎後悉其所舉而措之者也故其攷徵也確其序事也明其取舍也當可疑則闕可信則書旨遠而文言曲而中大矣哉班馬之流也炷獲與較讐討論識侯之用心艮苦有春秋之遺意社里由是而知其所損益焉風俗由是而知其所醇醨焉教化由是而知其所張弛焉人才知其何以忽盛而忽衰賦役知其何以或

裁而或留德功之報知其何以踵舉而不廢津梁也知其所利涉關隘也知其所扼要甲兵也知其所時閲於城郭而知其所增高於歆享而知其所告虔鹽有害而知其所以去刑苦繁而知其所以清以至撫時弔古知其修省而流連從此救偏補敝挽回作新穆然有餘思他若賢豪之挺生士女之懿美前脩之昭灼鼓舞可以進德一變可以至道則與彼都人士共之此侯之宣心力垂典章意也雖然此固一邑之掌故達之天下則無二道四海同文萬方一轍其間風氣雖有不齊而禮樂

刑政教化典常家户盡然引而伸之益知其所立言皆其所以立功見諸行事垂之著論於全志可以想見其該博之學通方之才高遠之識洵無忝信史哉今付剞劂灯復爲校閲辯亥豕而稍補不足猶之發型之劔助以淬礪出璞之玉佐以追琢版章燦然樂觀厥成敢忘固陋而書于簡末

宋邑侯重修縣志跋

教諭 呂榮華

慶元邑志自吳公重修而後星紀雖周其板倘爲完好而藏弆不慎遂至遺失者十之二三但邑志所繫甚鉅豈容膜視邑尊丹崖先生急謀補刻屬司其事爰將舊板所存若干所失若干一一檢出計其字數之多少并較經費之多寡于是市棗鳩工凡有續增悉爲較訂依類附入而諸生知賓吉人豐城竭力贊襄閱數月而新板告竣並析爲六冊移貯本學尊經閣下庋以書厨鎖以魚鑰以垂永久爰綴數語用附簡末